FRANK KÄMMER

Auf Weinreise

PFALZ

HamppVerlag

Über weitere Bücher des Verlags können Sie sich informieren unter:
www.hamppverlag.de

Bildnachweis:
Cover: Großes Bild/Weingut Rebholz; Hambacher Schloss: Pfalz.Touristik e.V./Foto: Dieth & Schröder. Klappe: Stadt Bad Dürkheim.
Deidesheimer Hof: S. 27 m.; Frank Kämmer: Cover-Rückseite, S. 5, 32, 46, 47, 52, 53, 54 groß, 55 groß, 56, 57, 58, 59, 60 klein, 66, 67, 74, 77, 78, 79, 84, 85; Karlbacher Faber GmbH: S. 12; Netts Restaurant: S. 64; Pfalz.Touristik e.V.: S. 65/Foto: Dieth & Schröder; Pfalzwein e.V.: S. 6, 13, 26/Fotos: Faber & Partner; Philip's Brasserie: S. 30; Restaurant Krone: S. 27 u./Foto: Björn Kray Iversen; Restaurant Luther: S. 27 o.; Stadt Bad Dürkheim: S. 28, 29, 31, 39; Stadtverwaltung Grünstadt: S. 10, 11/Fotos: Gerhard Laubersheimer; Stadtverwaltung Landau: S. 81; Stadtverwaltung Speyer: S. 61 o./Foto: Klaus Landry, 61 r./Foto: Thorsten Krüger; Stiftsweingut Meyer: S. 98; Archiv Südliche Weinstraße e.V.: S. 9 u., 70, 93, 94, 95, 97; Südliche Weinstraße Edenkoben e.V.: S. 71, 73/Fotos: Emanuel Döringer; Südliche Weinstraße Landau-Land e.V.: S. 80, 83/Fotos: S. Schunck; Tourist-Information Neustadt an der Weinstraße: S. 62, 63/Fotos: Rolf Schädler; Tourist-Information Wachenheim: S. 40, 41, 43; Tourist Service GmbH Deidesheim: S. 7 u., 48, 51/Fotos: Karl Hoffmann, © K. E. Gross, 49; Urlaubsregion Freinsheim/Deutsche Weinstraße: S. 18, 19, 21; Weingut Becker: S. 100; Weingut Bernhardt: S. 101; Weingut Biffar: S. 54 klein; Weingut Brenneis-Koch/Foto: Lattner Photographic Art, Heilbronn: S. 38; Weingut Reichsrat von Buhl: S. 55 klein; Weingut Dr. Bürklin-Wolf: S. 44, 50; Weingut Fitz-Ritter: S. 33; Weingut Karl-Heinz Gaul: S. 14; Weingut Gies-Düppel: S. 90; Weingut Hensel: S. 36; Wein- und Sektgut Immengarten Hof: S. 8, 76; Weingut Jülg: S. 96, 99; Weingut Kassner-Simon: S. 22; Weingut Kleinmann: S. 89; Weingut Knipser: S. 15; Weingut Koehler-Ruprecht: S. 25; Weingut Kuhn: S. 16; Weingut Lucashof: S. 60 groß; Weingut Meyer: S. 98; Weingut Müller-Catoir: S. 9 o., 69; Weingut Rebholz: S. 86; Weingut Petri: S. 23; Weingut Pfeffingen – Fuhrmann-Eymael: S. 35; Weingut Schaefer: S. 34; Weingut Schmitt: S. 37; Weingut Schumacher: S. 24; Weingut Siegrist: S. 92; Weingut Siener: S. 7 o., 91; Weingut Weegmüller: S. 68; Weingut Dr. Wehrheim: S. 88; Wein- und Sektgut Wilhelmshof: S. 87; Weingut Zelt: S. 17; Weingut Ziegler: S. 75; Weingut Zimmermann: S. 45; Weinhaus Henninger: S. 20; Weinkontor Mörzheim: S. 82; Weinstube Kirchstübel: S. 72.

Kartographie: Ch. Peh & G. Schefcik, Eppelheim; Karte Klappe re.: www.deutscheweine.de
Redaktion: Alexander Kurz, Hampp Media GmbH
Herstellung: Tina Schröder, Hampp Verlag GmbH
Layout und Satz: solutioncube, Reutlingen
Covergestaltung: Publikmacher, Stuttgart
Repro: digigra4, Fellbach; POINT prepress, Stuttgart
Druck und WV: Offizin Andersen Nexö Leipzig GmbH, Zwenkau

Printed in Germany

ISBN-10: 3-936682-93-3
ISBN-13: 978-3-936682-93-9

INHALT

Liebe Leserin, lieber Leser,

der Weineinkauf direkt beim Winzer ist stets eine ganz besondere Erfahrung. Das Erleben der Landschaft und der Rebgärten sowie die persönliche Begegnung mit den Menschen, der Küche, Kultur und Lebensart erhöht spürbar das Verständnis – und damit den Genuss – hochklassiger Weine. Dieses Buch lädt Sie ein, die Heimat feiner Weine zu erkunden, zu verstehen und zu genießen.

Das Buch erhebt allerdings keinen Anspruch auf Vollständigkeit. Ganz im Gegenteil: Es stellt meine ganz persönlichen Lieblingsadressen vor – Weinmacher, zu denen ich der hohen Qualität wegen ebenso gerne reise wie wegen ihrer Gastfreundschaft. Meine Auswahl stellt Ihnen Winzerpersönlichkeiten vor, die ihren Weinen ein Gesicht geben, Charaktere, die eine unverkennbare Prägung in ihrem Erzeugnis hinterlassen.

Darüber hinaus enthält das Buch Empfehlungen, die mir die Winzer dieser Region gegeben haben. Adressen, die sie für ihre Kunden und Gäste bereithalten: Restaurants, Gasthäuser, Weinstuben und Hotels – speziell ausgewählt für den Weinfreund auf Reisen.

Ich wünsche Ihnen eine gute Fahrt und viele unvergessliche Weinerlebnisse

Ihr

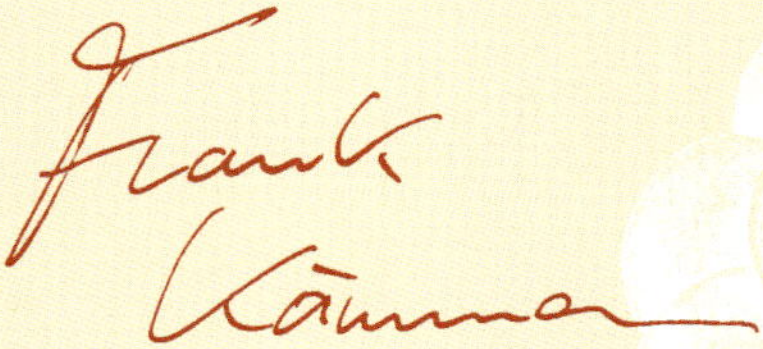

P.S.: Für Ihre Anregungen und Vorschläge bin ich Ihnen sehr dankbar.
Bitte per E-Mail senden an: fkaemmer@hamppverlag.de

Sanfte Hügel, mediterranes Klima – nicht selten erinnert die Pfalz an die Toskana.

Die Pfalz – das Land und der Wein

Die Weinregion Pfalz erstreckt sich von der nördlichen Grenze des Elsass bis kurz vor die Tore der alten Weinstadt Worms. Mit ihrer vom Pfälzer Wald geschützten Lage am westlichen Rand des Oberrheingrabens gilt sie als eine der fruchtbarsten Regionen Deutschlands. Wie in einem Kamin zieht die warme Luft durch das Rheintal von Süden herauf und lässt den Frühling hier so früh beginnen wie an kaum einer anderen Stelle in Deutschland. In diesen begünstigten klimatischen Verhältnissen gedeihen neben den Reben nicht nur Feigen- und Mandelbäume, sondern sogar Kiwis und Zitrusfrüchte. Wegen des milden Klimas, der lieblichen Landschaft und der ebenso lebensfrohen wie genussfreudigen Bevölkerung wird die Pfalz gerne auch als die „Toskana Deutschlands“ bezeichnet.

Die Böden an der deutschen Weinstraße sind überwiegend von Sandsteinverwitterungen bestimmt. Die Verwitterungen entstanden nach dem Einbruch des Oberrheingrabens vor etwa 38 Millionen Jahren. Sie sind immer wieder von anderen Gesteinen und Schichtungen, insbesondere Kalkgeröll, durchzogen. Denn in den folgenden Jahrmillionen wurde die Region abwechselnd von Meeres- und Süßwasser überschwemmt, wodurch sich Sedimente aus Tonen, Sanden und Kalk anlagerten. Später wurden diese Sedi-

Guter Boden, guter Wein

mente wiederum von den Ablagerungen des Ur-Rheins überdeckt. Als mineralogische Besonderheit gilt aber auch das eng begrenzte Vorkommen von Basalt, vor allem im Bereich des bekannten Weindorfes Forst. Hier wurde beim Einbruch des Oberrheingrabens die Erdkruste an den Flanken brüchig. Dadurch konnte an einigen Stellen dünnflüssiges Magma aus dem Erdinneren aufsteigen und an der Oberfläche zu Basalt erstarren.

Der Weinbau der Pfalz in Zahlen *(Stand 2004)*

Rebfläche: 23 413 Hektar
Einzellagen: 325
Weinbaugemeinden: 133
Weinbaubetriebe: rund 6800, davon ca. 2900 im Haupterwerb
Vertriebsstruktur: rund 1520 selbst vermarktende Weingüter, 22 Winzergenossenschaften sowie 11 Erzeugergemeinschaften

Rebsorten im Anbau:
Riesling: 20,5 %
Dornfelder: 13,9 %
Müller-Thurgau: 11,0 %
Portugieser: 10,6 %
Spätburgunder: 6,4 %
Kerner: 5,9 %
Silvaner: 4,2 %
Weißburgunder: 3,2 %

Verhältnis Weißwein- zu Rotweinsorten: 60 % zu 40 %

Der Haardtrand: Fließender Übergang von Wein und Wald

Als weinbauliches Herzstück der Pfalz galt lange Zeit die berühmte Mittelhaardt mit ihrem Kernbereich zwischen Bad Dürkheim und Neustadt. Hier wachsen seit Jahrhunderten einige der begehrtesten Weine des Landes. So verwies beispielsweise das Bürgermeisteramt der Gemeinde Deidesheim bereits im Jahr 1924 stolz auf die berühmten Rebgärten und deren Weine, „die nur in vereinzelten Auslesen des Rheingaus ebenbürtige Rivalen finden. Nirgendwo wachsen solche Mengen vollreifer, süßer Rieslingweine wie hier.“ Nach wie vor ist der

Riesling hier der König unter den Reben und erbringt Weine, die in ihrer harmonischen Vermählung von kraftvoller Frucht und mineralischer Würze zu den beeindruckendsten Vertretern dieser Sorte zählen.

Je weiter man sich in der Pfalz nach Süden bewegt, umso größer wird die Bedeutung der Burgundersorten. Die überaus malerische Südpfalz mit ihren romantischen Fachwerkdörfern und der pittoresken Hügellandschaft ist seit jeher ein beliebtes touristisches Ziel. Was den Weinbau anbetrifft, stand sie jedoch lange Zeit im Schatten der berühmten Namen der Mittelhaardt. Doch spätestens seit den 90er-Jahren hat sich dieses Bild radikal gewandelt: Damals entwickelte sich hier ein neues Selbstbewusstsein und eine der dynamischsten Weinszenen des Landes lebte auf. Heute stößt man in der Südpfalz auf eine ganze Reihe etablierter Namen und trotzdem lassen sich hier noch viele erfreuliche Entdeckungen machen. Dabei werden neben dem Riesling auch aus Weiß- und Grauburgunder herausragende Tropfen gekeltert, ebenso aus Chardonnay und aus den aromatischen Klassikern Gewürztraminer, Muskateller und Scheurebe. Und mittlerweile stammen auch einige der feinsten Rotweine Deutschlands, allen voran natürlich die Spätburgunder, aus dieser Region.

Dynamische Aufsteiger: die Winzer der Südpfalz

In der Geschichte der Pfalz und des Weinbaus in dieser Region spielt die französische Revolution eine wichtige Rolle. Im Zuge der Revolutionskriege besetzten französische Truppen 1794 die linksrheinischen deutschen Gebiete. 1798 wurde aus der Pfalz und dem heutigen Rheinhessen das französische Département du Mont-Tonnerre (Donnersberg) geschaffen. Mit Einführung des napoleonischen *Code Civil*, des ersten Bürgerlichen Gesetzbuchs, und der Abschaffung der Adelsprivilegien setzten die neuen Machthaber die Ideale der Revolution auch in ihren linksrheinischen Besitzungen durch. Ebenso wurde nun der Kirchenbesitz säkularisiert und zunächst als

Traditionsweingut Müller-Catoir

Nationaleigentum beschlagnahmt. Später wurden viele dieser Güter, die meist auch die besten Weinberge der Region umfassten, unter den Bürgern und Bauern der Pfalz versteigert. Die Folge war das Aufblühen der heute noch berühmten bürgerlichen Weingüter der Pfalz. Denn diese konnten nun ihren Weinbergsbesitz mit herausragenden, ehemals kirchlichen oder klösterlichen Lagen wie zum Beispiel dem Kirchenstück oder dem Jesuitengarten in Forst erweitern. Nach dem Zusammenbruch der französischen Herrschaft am Rhein blieb die Pfalz bis zum Ende des Zweiten Weltkrieges ein Teil Bayerns.

Die traditionelle Pfälzer Küche gilt allgemein als recht deftig, aber es finden sich hier auch so manche von Frankreich herrührende Einflüsse. Diese gehen zum einen auf die Zeit der französischen Besetzung zurück, zum anderen auf die Nachbarschaft zum Elsass. Das unbestritten berühmteste, aber wohl auch berüchtigtste Pfälzer Leibgericht ist der Saumagen – eine Spezialität, die weitaus besser schmeckt, als der Name vermuten lässt (siehe auch Seite 26). Auch andere deftige Zubereitungen vom Schwein, insbesondere grobe Bratwürste, Blutwürste, Leberknödel und die im Dialekt „Flääschknepp" genannten Fleischknödel sind klassische Gerichte, die fast immer auf den Karten der Weinstuben zu finden sind. Hierzu wird gerne Sauerkraut und Kartoffelpüree gereicht. Weitere gängige Beilagen sind Zubereitungen wie Bratkartoffeln, meist kräftig mit Speck abgeschmeckt. Die Nähe zum Elsass hingegen macht sich durch die auch in der Pfalz weithin angebotenen Flammkuchen bemerkbar, die gerade zum Wein ein beliebter Imbiss sind. In der Saison sollte man unbedingt den bekannten Pfälzer Spargel probieren, der meist frisch gestochen direkt von den nahen Feldern in die Kochtöpfe der Restaurants kommt.

Pfälzer Geselligkeit bei Flammkuchen

Blick auf Grünstadt mit Martinskirche und Rheinebene

Grünstadt und Umgebung

Das Leiningerland rund um Grünstadt ist das nördliche Tor zum Herzen der Pfalz. Die fruchtbaren Ebenen des südlichen Wonnegaus gehen hier in die sanfte Vorhügelzone des Pfälzerwaldes über. Den besten Eindruck von dieser Gegend hat man vom pittoresken Burgdörfchen Neuleiningen aus, das mit romantischen Stadtmauern und Türmen die Ruine eines ehemaligen Sitzes der Leininger Grafen umschließt und einen weiten Blick über die Landschaft bietet. Weinbaulich interessant ist hier der stete Wechsel von sandstein- und kalkhaltigen Weinbergslagen, die wie ein Mosaik das Leiningerland schmücken.

Neben Grünstadt selbst, das sich am Fuße des Aufstiegs der Bundesautobahn Mannheim - Saarbrücken (BAB 6) zum Pfälzer Wald befindet, hat sich vor allem die fünf Kilometer östlich im Vorderpfälzer Tiefland gelegene kleine Gemeinde Laumersheim zu einem beliebten Anziehungspunkt für Weinfreunde entwickelt. Als Wein- und Obstbaugemeinde bereits im achten Jahrhundert bekannt, gilt das ländlich geprägte Haufendorf heute mit einigen sehr guten Erzeugern als einer der ersten Höhepunkt für Weinkenner auf der Reise durch die Pfalz.

Grünstadt | Grünstadt ist das Zentrum des Leiningerlandes. Im Jahr 875 zum ersten Mal urkundlich erwähnt, war die Stadt von 1690 bis 1793 Residenz der Leininger Grafen. Noch heute zeugen die beiden Schlösser, der Unterhof (heute ein Alten- und Pflegeheim) und der dreiflügelige Oberhof mit sehenswertem Barockportal (heute die Stadtbücherei) von dieser Blütezeit. Wahrzeichen der Stadt ist die gotisch-barocke Martinskirche mit den Grablegen des Hauses Leiningen. Seit 1969 gehören auch die beiden traditionsreichen Weinbaugemeinden Asselheim und Sausenheim zu dem rund 14 000 Einwohner zählenden Städtchen. Mit einer Rebfläche von über 300 Hektar ist der Weinbau heute ein bedeutender Wirtschaftszweig.

Stadthaus in Grünstadt

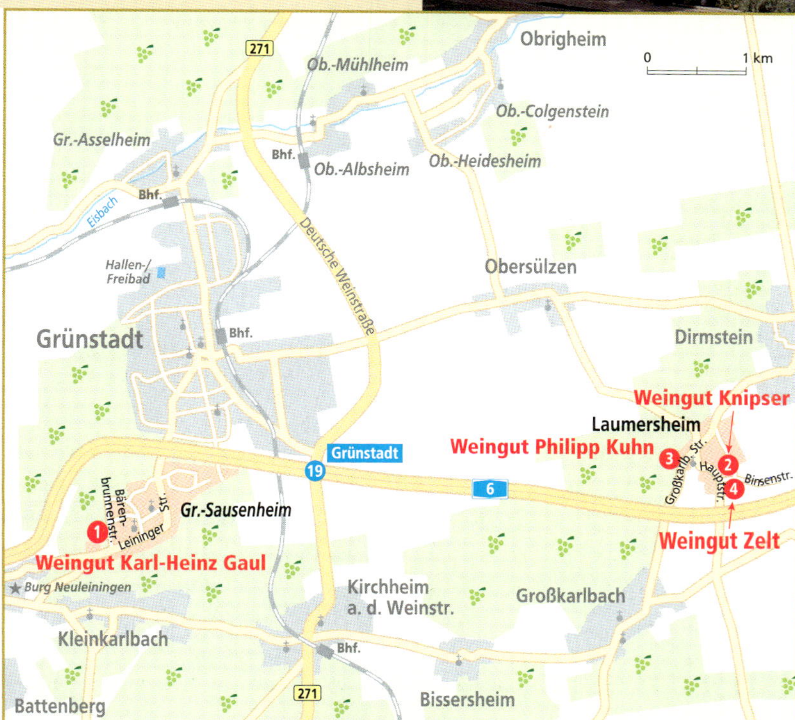

MEIN LIEBLINGSLOKAL

Karlbacher | Wunderbar restauriertes, verwinkeltes Rennaissance-Fachwerkanwesen aus dem 17. Jh. Im Sommer wird im malerischen Innenhof serviert, doch auch die hübschen Stuben bieten gemütliche Gastlichkeit. Ambitionierte Küche mit französischen und mediterranen Einflüssen. In der Lüsterstube wird auch eine kleinere Karte mit typischen Bistro- und Weinstubengerichten angeboten.

➲ Karlbacher
Hauptstraße 57
67229 Großkarlbach
Tel.: 0 62 38/37 37
www.karlbacher.de

ESSEN & TRINKEN

➲ Restaurant Alte Pfarrey
Untergasse 54
67271 Neuleiningen
Tel.: 0 63 59/8 60 66
www.altepfarrey.de
Romantisches Restaurant mit herrlicher Terrasse. Hochklassige Küche für Gourmets.

➲ Restaurant Gebrüder Meurer
Hauptstraße 67
67229 Großkarlbach
Tel.: 0 62 38/6 78
www.restaurant-meurer.de
Traumhafte Terrasse zum Garten mit toskanischem Flair. Auch die Küche ist stark von italienischen Einflüssen geprägt.

➲ Restaurant zum weißen Lamm
Hauptstraße 38
67229 Laumersheim
Tel.: 0 62 38/92 91 43
Ländlich-gemütliches Restaurant mit gehobener Küche. Weinkarte mit vielen Gewächsen von Knipser und Kuhn.

➲ Weinstube Backhaus Dirmstein
Herrengasse 51
67246 Dirmstein
Tel.: 0 62 38/98 99 49
www.backhausdirmstein.de

➲ Hotel-Café-Restaurant Kempf
Marktstraße 3-7
67246 Dirmstein
Tel.: 0 62 38/9 83 40
www.hotel-cafe-kempf.de

ÜBERNACHTEN

➲ Hotel Alte Pfarrey
Untergasse 54
67271 Neuleiningen
Tel.: 0 63 59/8 60 66
www.altepfarrey.de
Romantischer kann man in der Pfalz kaum übernachten als im pittoresken Ambiente des alten Burgdorfs.

➲ Hotellerie Meurer
Hauptstraße 67
67229 Großkarlbach
Tel.: 0 62 38/6 78
www.restaurant-meurer.de

Schönes, individuelles Hotel mit wunderbarem Garten: ein Stück Toskana in der Pfalz!

➲ **Gästehaus Karlbacher**
Freinsheimer Weg 9
67281 Bissersheim
Tel.: 0 63 59/9 30 40
www.karlbacher.de
Zum Gasthaus (s. Tipp links) gehörendes, charmantes Gästehaus. Acht Zimmer, teilweise mit schöner Terrasse inmitten von Weinbergen.

EINKAUFEN

➲ **Destillerie Lingenfelder**
Am Storchenpfad 1a
67229 Großkarlbach
Tel.: 0 62 38/92 64 49
www.destillerie-lingenfelder.de
Eine der besten Brennereien der Region mit vielen internationalen Auszeichnungen.

➲ **Palatina Keramik**
Hauptstraße 51
67229 Großkarlbach
0 62 38/92 90 08
www.palatina-keramik.de
Auf hochwertige Gartenkeramik und Terrakotta spezialisierte Werkstatt und Galerie.

ENTDECKEN

➲ **Burg Neuleiningen**
Mächtige Burgruine in sehenswertem Örtchen hoch über der Rheinebene gelegen. Schöner Ausblick.
www.neuleiningen.de

➲ **Dirmstein und seine Schlösser**
Hübsches Städtchen mit historischem Ortskern aus dem 18. Jh. Höhepunkte: das Koeth-Wanscheid'sches Schloss mit Park im englischen Stil und das Sturmfedersche Schloss.
www.dirmstein.de

BEWEGEN

➲ **Weinwanderhütte Asselheim**
Direkt am Deutschen Weinwanderweg gelegen. Von April bis September am Wochenende geöffnet.
www.gruenstadt.de

➲ **Kneipp-Wanderweg**
Mehrere Routen zwischen 8 und 11 km Länge. Ausgangspunkt ist das Kneipp-Armbecken am Eisbach in Ebertsheim.
www.gruenstadt-land.de

DIE KLUGE GRÄFIN EVA

Mit der Festung Neuleiningen verbindet sich eine Geschichte, die vom ebenso gastfreundlichen wie genussfreudigen Wesen der Pfälzer kündet. Während des Bauernkrieges wurden viele Burgen der Region geplündert und gebrandschatzt. Als die Bauern nun vor Neuleiningen standen, bot die damalige Burggräfin Eva dem wütendem Volk nicht etwa Widerstand, sondern ließ die Tore öffnen und lud die Angreifer zum fröhlichen Zechen und Schmausen ein. Nachdem sich die Bauern ganz nach echter Pfälzer Art mit großem Appetit und Durst an den Speisen und Weinen gelabt hatten, zogen sie mit gefüllten Bäuchen und ohne Schaden anzurichten wieder ab.

1 WEINGUT KARL-HEINZ GAUL
Bärenbrunnenstraße 15
67269 Grünstadt-Sausenheim
Tel.: 0 63 59/8 45 69
Fax: 0 63 59/8 74 98
E-Mail: info@weingut-gaul.de
Internet: www.weingut-gaul.de

Preisniveau: günstig bis bürgerlich
Anmeldung: nicht erforderlich
Öffnungszeiten: Mo. bis Fr. 8–12 und 13–18 Uhr, Sa. 9–16 Uhr

GRÜNSTADT-SAUSENHEIM

WEINGUT KARL-HEINZ GAUL

Nur einen Katzensprung von der Autobahn A6 entfernt lohnt das Weingut Gaul auch für einen angenehmen Zwischenstopp auf der Durchreise. Das unterhalb der Burgruine Neuleiningen am Stadtrand von Sausenheim gelegene Gut ist nicht nur wegen seiner guten, teilweise sogar hochklassigen Weine zu fairen Preisen besuchenswert, sondern auch wegen des gepflegten Anwesens direkt an den Weinbergen. Inhaber Karl-Heinz Gaul nutzt diese Nähe gerne, um Besuchern den Zustand der Reben und anstehende Arbeiten im Weinberg gleich „vor der Haustüre" zu erläutern. Seine Frau Rosemarie pflegt mit viel Liebe einen schönen, großen Garten, in den sie bei gutem Wetter ebenfalls gerne ihre Gäste führt. Dass man hier ein besonders gutes Händchen für den Riesling hat, beweist schon der oft sehr ansprechende Gutsriesling in der Literflasche mit seiner seriösen Qualität.

MEIN TIPP

Wer etwas länger in der Region bleiben will – die sich mit dem nahen Pfälzerwald hervorragend zum Wandern und Fahrradfahren eignet –, für den stehen im Weingut auch zwei hübsche Ferienwohnungen zur Verfügung.

WEINGUTSCHEIN PFALZ

10 WEINGUT FITZ-RITTER
Weinstraße Nord 51
67098 Bad Dürkheim

BEIM KAUF IM WEINGUT ERHALTEN SIE EINEN PREISNACHLASS VON 50 CENT JE FLASCHE.

Weitere Informationen zum Weingut Fitz-Ritter im Buch auf S. 33.

---

20 WEINGUT DR. DEINHARD
Weinstraße 10
67146 Deidesheim

BEI EINEM EINKAUF IM WEINGUT IM WERT VON 100 € ERHALTEN SIE ZUSÄTZLICH EINE FLASCHE SPÄTLESE.

Weitere Informationen zum Weingut Dr. Deinhard im Buch auf S. 52.

---

34 WEINGUT AUGUST ZIEGLER
Bahnhofstraße 5
67487 Maikammer

August Ziegler

6 FLASCHEN KAUFEN – 5 BEZAHLEN. GÜLTIG FÜR ALLE WEINE (AUSSER BARRIQUE) BEI EINKAUF IM WEINGUT.

Weitere Informationen zum Weingut August Ziegler im Buch auf S. 75.

---

42 WEIN- UND SEKTGUT WILHELMSHOF
Queichstraße 1
76833 Siebeldingen

BEI EINEM KAUF IM WEINGUT IM WERT VON 100 € ERHALTEN SIE ZUSÄTZLICH EINE FLASCHE DES HOCHWERTIGEN 2003ER WILHELMSHOF AMBITION TROCKEN.

Weitere Informationen zum Weingut Wilhelmshof im Buch auf S. 87.

Frank Kämmer: Auf Weinreise – Pfalz, ISBN: 3-936682-93-3
Weitere Informationen unter www.hamppverlag.de

Können Sie mitreden?
Frank Kämmer
Die 100 besten Weinberge Deutschlands
HamppVerlag
Dieses Buch ist einzigartig!
Ein Muss für jeden Kenner deutscher Weine. Der Weinfachmann und Master-Sommelier Frank Kämmer beschreibt die Spitzenlagen in Deutschland.
Frank Kämmer, Die 100 besten Weinberge Deutschlands
256 Seiten, gebunden, EUR 19,90, ISBN 3-936682-97-6
Gleich bestellen:
info@hamppverlag.de oder Fax: 0711/782 92-199
www.hamppverlag.de
HamppVerlag

LAUMERSHEIM

WEINGUT KNIPSER

Pfälzer Lebensfreude und Unkompliziertheit erwartet den Besucher im Laumersheimer Spitzenweingut Knipser. Nicht selten trifft man hier viele Weinfreunde aus ganz Deutschland, ja sogar des benachbarten Auslands, die an zwei großen runden Tischen im Kreuztonnengewölbe des ehemaligen Pferdestalls (im Sommer auch im Freien) das umfangreiche Sortiment herausragender Weiß- und Rotweine verkosten. Die Beliebtheit der berühmten Knipser-Weine sorgt vor allem an Wochenenden für großen Andrang, aber Verkaufsleiter Dirk Rosinski und sein Team verlieren dabei nie ihre Herzlichkeit und Gastfreundschaft.

MEIN TIPP

Das Sortiment der Knipser-Brüder ist sehr umfassend. Dennoch ist man stolz darauf, dass stets alle Weine, also auch die hochpreisigen Spezialitäten, zur Verkostung bereit stehen. Man sollte also nicht versäumen, auch ein kleines Schlückchen des Cuvée „X" zu probieren – einer der beeindruckendsten Rotweine auf Basis der Bordeaux-Rebsorten in der Pfalz.

2 WEINGUT KNIPSER
Hauptstraße 47
67229 Laumersheim
Tel.: 0 62 38/7 42 und 0 62 38/24 12
Fax: 0 62 38/43 77
E-Mail: mail@weingut-knipser.de
Internet: www.weingut-knipser.de

Preisniveau: gehoben bis Luxus
Anmeldung: bei größeren Gruppen empfehlenswert
Öffnungszeiten: Mo. bis Fr. 8–12 und 14–18 Uhr, Sa. 10–16 Uhr

LAUMERSHEIM

WEINGUT PHILIPP KUHN

Nach umfangreichen Umbaumaßnahmen empfängt das Weingut Kuhn seine Kunden und Besucher nun mit geradezu mediterranem Flair. Im mit Hortensien, Zitronen- und Olivenbäumchen geschmückten Hof des Weinguts versteht man schnell, warum die Pfalz manchmal auch als die „Toskana Deutschlands" bezeichnet wird. Besonders zu empfehlen ist deshalb auch ein Besuch im Sommer, wenn die Blüten in voller Pracht stehen und man genüsslich die Weine des Hauses im Schatten eines großen Bergahorns verkosten kann. Phillipp Kuhn gilt mit seinem Fingerspitzengefühl für saftige und gleichzeitig elegante Weine als eines der aufstrebenden Winzertalente der Pfalz und deshalb muss man hier insbesondere samstags mit lebhaftem Besucherverkehr rechnen.

MEIN TIPP

Zum südländischen Ambiente des Gutes passt sehr gut, dass sich hier mit dem Viognier auch eine Rebsorte im Angebot befindet, die sonst üblicherweise eher in wärmeren Regionen wie dem Rhônetal, Kalifornien oder Australien beheimatet ist.

3 **WEINGUT PHILIPP KUHN**
Großkarlbacher Straße 20
67229 Laumersheim
Tel.: 0 62 38/6 56
Fax: 0 62 38/46 02
E-Mail: weingut-philipp-kuhn@gmx.de
Internet: www.weingut-philipp-kuhn.de

Preisniveau: bürgerlich bis gehoben
Anmeldung: empfehlenswert, insbesondere samstags
Öffnungszeiten: Mo. bis Fr. 9–12 und 13–17 Uhr, Sa. 10–12 und 13–17 Uhr

4 WEINGUT ZELT
Binsenstraße 2
67229 Laumersheim
Tel.: 0 62 38/32 81
Fax: 0 62 38/12 33
E-Mail: info@weingutzelt.de
Internet: www.weingutzelt.de

Preisniveau: bürgerlich
Anmeldung: nicht erforderlich
Öffnungszeiten: Mo. bis Fr. 8–12 und 14–18 Uhr, Sa. 10–16 Uhr

LAUMERSHEIM

WEINGUT ZELT

Eines der besten Weingüter der Pfalz als Nachbarn zu haben, mag für manchen Winzer eine Bürde sein. Für Mario Zelt ist die direkte Nähe zum Weingut Knipser jedoch eher eine Inspiration und Motivation. Allein schon die geschmackvolle Ausstattung der Verkaufs- und Veranstaltungsräume seines Guts im liebevoll restaurierten Fachwerkgebäude ist eine Reise wert. Die ehemalige Schmiede wurde mit viel Sorgfalt in eine wunderschöne Vinothek verwandelt – unter Verwendung von antiken Materialien wie alten Kacheln und historischen Kirchenparkettdielen bis hin zu einer aus einem französischen Kloster stammenden Säule, die inmitten des Raumes die Galerie-Empore stützt. Doch auch die Weine des sympathischen Jungwinzers, der auf dem Weg ist, sich als ein großer Geheimtipp zu etablieren, sind bemerkenswert: kristallklar und frisch die Weißen, saftig und tief die Roten.

MEIN TIPP

Der Vergleich der beiden Weißburgunder ist hier für mich stets ein besonderes Vergnügen. Während die trockene Spätlese eher dem modernen, schlanken und frischen Typ folgt, zeigt der mit einem -S- gekennzeichnete Weißburgunder aufgrund einer längeren Reifezeit auf der Feinhefe jene seidige Textur, die man heute in Winzerkreisen auch gerne mit dem aus der Neuen Welt stammenden Begriff „mouthfeel" umschreibt.

Der beeindruckende Hahnenturm in Freinsheim

Freinsheim und Umgebung

„Freinsheim fließt über von Geschichte, Wein und Obst“ meinte der Schriftsteller Hermann Sinsheimer in seinen Memoiren. Das Städtchen mit seinem berühmten mittelalterlichen Zentrum und den vielen guten Weinstuben liegt in der Rheinebene zu Füßen des Haardtrandes. Die ebenfalls zur Verbandsgemeinde gehörenden Weindörfer Bobenheim, Weisenheim am Berg, Herxheim am Berg und Kallstadt liegen dagegen deutlich erhöht auf den Vorhügeln zum Pfälzer Wald. Das mit den Resten einer mittelalterlichen Schutzmauer umgebene Herxheim am Berg ist sogar der höchste direkt an der deutschen Weinstraße gelegene Ort. Nur ein Dorf weiter südlich findet man in Kallstadt jene typisch pfälzische Idylle mit liebevoll restaurierten Fachwerkgebäuden und historischen Winzerhöfen.

Während die Weinberge in der Ebene auf häufig sandigen Böden eher saftige-runde Weine hervorbringen, gelten die Hanglagen der höher gelegenen Gemeinden, allen voran der berühmte Kallstadter Saumagen, mit ihrer oft deutlichen Kalkprägung als prädestiniert für Weine, die Dichte mit Finesse verbinden.

Freinsheim | Obst- und Weinbau bilden seit Jahrhunderten die wirtschaftliche Grundlage der Stadt Freinsheim. Mit ihrer bestens erhaltenen mittelalterlichen Befestigungsanlage und ihren vielen Festen wie dem Obstblütenfest im Frühjahr, dem Altstadt- und dem Stadtmauerfest zieht die 5000 Einwohner zählende Gemeinde Jahr für Jahr viele Gäste an. Weitere Sehenswürdigkeiten sind der barocke Stadtkern mit dem schönen Rathaus und zahlreiche Herrenhäuser wie die Anlage der Herren Retzer und der Von-Busch-Hof, ein früheres Klostergut. Besondere Attraktion: Einige der Türme und Tore der Stadtmauer können als Ferienwohnung oder für private Feiern gemietet werden.

Das Eisentor – eines von vielen mächtigen Toren der mittelalterlichen Stadtbefestigung

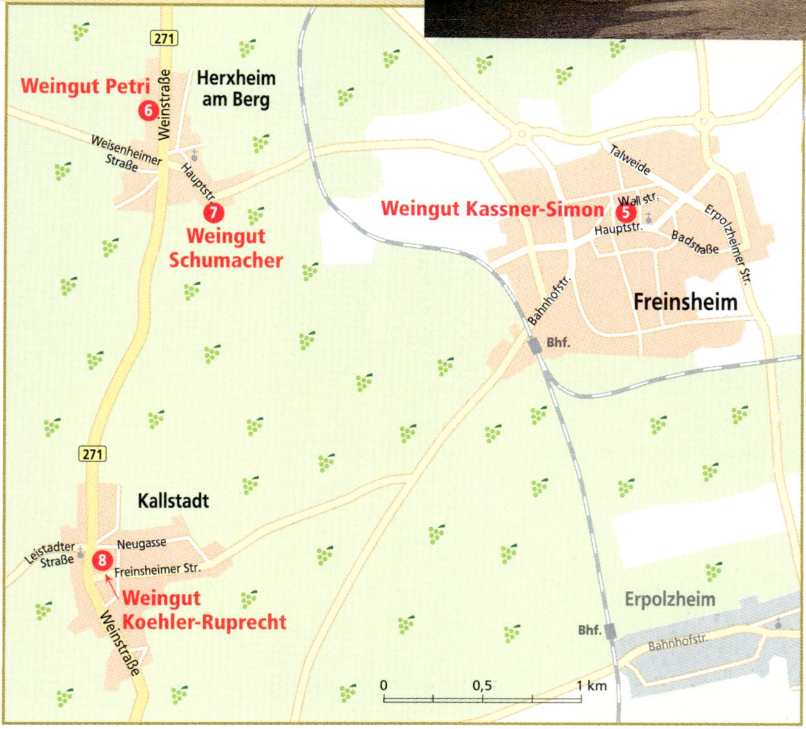

MEIN LIEBLINGSLOKAL

Weinhaus Henninger | Einer der großen Klassiker bodenständiger Pfälzer Gasthauskultur, vor kurzem behutsam renoviert, ohne den Charme der vergangenen 150 Jahre zu zerstören. Weithin berühmt sind die Pfälzer Spezialitäten nach den Originalrezepten von Luise Henninger, der legendären früheren Weinhauswirtin. Sie galt als die gastronomische Wiederentdeckerin des Saumagens. Gute Weine aus eigener Erzeugung.

➲ **Weinhaus Henninger**
Weinstraße 93
67169 Kallstadt
Tel.: 0 63 22/22 77
www.weinhaus-henninger.de

ESSEN & TRINKEN

➲ **Restaurant Weinkastell zum weißen Ross**
Weinstraße 80/82
67169 Kallstadt
Tel.: 0 63 22/50 33
www.weinkastell-kohnke.de
Klassisch-verfeinerte, bekannt gute Küche und sehr gute eigene Weine. Enge Verbindung zu dem Spitzenweingut Koehler-Ruprecht.

➲ **Restaurant Freinsheimer Hof**
Breite Straße 7
67251 Freinsheim
Tel.: 0 63 53/5 08 04 10
www.restaurant-freinsheimer-hof.de
Renommiertes Restaurant in wunderschön restauriertem Bauernhaus. Sehr sehenswert das Kreuzgewölbe des alten Pferdestalls.

➲ **Kallstadter Hof**
Weinstraße 102
67169 Kallstadt
Tel.: 0 63 22/89 49
www.kallstadter-hof.de
Gehobene Regionalküche in denkmalgeschütztem Winzerhof. Besonders hübsch die „Winzerstube" mit gemütlichem Kachelofen.

➲ **Restaurant Alt Freinsheim**
Korngasse 5
67251 Freinsheim
Tel.: 0 63 53/25 82
www.restaurant-alt-freinsheim.de

ÜBERNACHTEN

➲ **Landhotel Altes Wasserwerk**
Burgstraße 9
67251 Freinsheim
Tel.: 0 63 53/93 25 20
www.landhotel-altes-wasserwerk.de
Sehr angenehmes, elegantes Landhotel in liebevoll restauriertem Fachwerkhaus mit moderner Innenarchitektur.

➲ **Hotel Weinkastell zum weißen Ross**
Weinstraße 80/82
67169 Kallstadt

Tel.: 0 63 22/50 33
www.weinkastell-kohnke.de
Beliebtes, gemütliches altes Haus mit individuellen Zimmern, am schönsten jene mit Alkoven- und Himmelbetten.

➲ Müllers Landhotel
Freinsheimer Straße 24
67169 Kallstadt
Tel.: 0 63 22/27 92
www.muellers-landhotel.de
Hübsches kleines Nichtraucher-Landhotel. Ein Geheimtipp!

➲ Gasthaus Honigsack
Weinstraße 22
67273 Herxheim am Berg
Tel.: 0 63 53/73 16
www.gasthaus-honigsack.de.vu
Bekanntes 200 Jahre altes Gasthaus mit acht modernen, geschmackvoll eingerichteten Doppelzimmern.

EINKAUFEN

➲ Edelobstbrennerei Scherner
Wormser Straße 28
67256 Weisenheim am Sand
Tel.: 0 63 53/18 17
www.scherner-edelobstbrennerei.de
Gute Brennerei mit vielen Spezialitäten. Besonders interessant die reinsortigen Apfelbrände.

➲ Apfelhof Hilberth
Bahnhofstraße 12
67167 Erpolzheim
Tel.: 0 63 53/15 87
www.landhaus-hilberth.de

BEWEGEN

➲ Wandern auf dem Rieslingweg
Tolle Panoramablicke auf 6 km Länge. Start: Platz der 100 Weine in Kallstadt.

➲ Radweg Oschelskopf-Tour
Der 30 km lange Rundweg führt durch alle Orte der Region. Im östlichen Teil einige Steigungen. Ausgangspunkt: Bahnhof Freinsheim.

➲ Inliner-Weg Erpolzheim
Führt auf 15 km Länge unter anderem durch das Biotop „Erpolzheimer Bruch". Auch für Anfänger geeignet.
Infos zu Rad-, Wander- und Inlinetouren: www.freinsheim.com

➲ Golfgarten Dackenheim
Kirchheimer Straße 40
67273 Dackenheim
Tel.: 0 63 53/98 92 12
www.golfgarten.de

HANDWERKERMUSEUM FREINSHEIM

Neben dem interessanten Museum, das Arbeitswerkzeuge zahlreicher, teilweise ausgestorbener Berufe zeigt, gibt es am Eisentor auch noch eine originelle Spieluhr zu sehen (täglich 11–18 Uhr zur vollen Stunde). Wer selber handwerklich tätig werden will, kann in der „Schmuckgalerie am Eisentor" an einem einstündigen Goldschmiedekurs teilnehmen (ganzjährig nach Vereinbarung, Tel. s.u.).

Herrenstraße am Eisentor
67251 Freinsheim
Tel.: 0 63 53/98 92 94
Öffnungszeiten: Do. bis Sa. 10–12 und 15–18 Uhr
www.freinsheim.com

FREINSHEIM

WEINGUT KASSNER-SIMON

Der romantisch mit Reben überwachsene Gutshof der Simons, die sich gerne als „Winzer aus Leidenschaft“ bezeichnen, ist in der verwinkelten Altstadt von Freinsheim nicht leicht zu finden. Aber die kurze Suche lohnt sich. Das vielfältige Weinangebot erfreut nicht nur mit durchgehend guter Qualität, sondern auch mit meist überaus fairen Preisen. Verständlich also, dass viele Kenner auf der Suche nach einem schmackhaften Tropfen für jeden Tag gerne beim wohl besten Gut in Freinsheim vorbeischauen. Diese Beliebtheit und die daraus resultierenden zahlreichen Besucher aus größerer Entfernung waren der Anstoß dafür, dass die Familie Simon 1998 auch ein eigenes Hotel unweit des Weinguts eröffnet hat und nun mit dem Landhotel „Altes Wasserwerk“ eine der angenehmsten Herbergen der Region führt.

MEIN TIPP

Bei der Probe durch das Weinsortiment sollte man auf keinen Fall den rassig-frischen Riesling-Sekt vergessen, auf den Willi Simon besonders stolz ist. Zu Recht, wie ich meine – ein angenehm erfrischender Aperitif, und selbst der knochentrockene Extra Brut hat meist eine schöne Harmonie.

5 WEINGUT KASSNER-SIMON
Wallstraße 15
67251 Freinsheim
Tel.: 0 63 53/98 93 20
Fax: 0 63 53/98 93 21
E-Mail: info@kassner-simon.de
Internet: www.kassner-simon.de

Preisniveau: günstig bis bürgerlich
Anmeldung: nicht erforderlich
Öffnungszeiten: Mo. bis Fr. 13–19 Uhr, Sa. 9–18 Uhr, So. 10–13 Uhr

6 **WEINGUT PETRI**
Weinstraße 43
67273 Herxheim am Berg
Tel.: 0 63 53/23 45
Fax: 0 63 53/41 81
E-Mail: info@weingut-petri.de
Internet: www.weingut-petri.de

Preisniveau: günstig
Anmeldung: erforderlich
Öffnungszeiten: Mo. bis Fr. 9–12 und 13–18 Uhr, Sa. 9–12 und 13–17 Uhr

HERXHEIM AM BERG

WEINGUT PETRI

Das wenig bekannte Weingut der Familie Petri ist stets einen Besuch wert. Die sympathische Winzerfamilie empfängt ihre Gäste im Stück für Stück verschönerten Gutshof, bei gutem Wetter auch im Freien unter einem Schatten spendenden Blauglockenbaum. Das in Anbetracht der hohen Qualität der Weine – vor allem bei den Rieslingen und den Burgundersorten – überraschend günstige Preisniveau macht das Herxheimer Gut zu einem Geheimtipp auch für budgetbewusste Genießer. Eine Verkostung bei den Petris kann man übrigens auch im unweit gelegenen familieneigenen Gutsausschank mit romantischem Garten ausklingen lassen.

MEIN TIPP

Die Rotweine der Familie Petri haben meist eine würzige Struktur und ein aufrechtes Rückgrad. Mir schmecken sie deshalb erst mit gewisser Flaschenreife so richtig gut. Gönnen Sie ihnen also ruhig ein, zwei Jahre im Keller – es lohnt sich.

7 **WEINGUT SCHUMACHER**
Hauptstraße 40
67273 Herxheim am Berg
Tel.: 0 63 53/9 35 90
Fax: 0 63 53/93 59 22
E-Mail: weingut-schumacher@t-online.de
Internet: www.schumacher-weine.de

Preisniveau: bürgerlich
Anmeldung: erforderlich
Öffnungszeiten: Mo. bis Fr. 10–12 und 14–18 Uhr, Sa. 10–14 Uhr

HERXHEIM AM BERG

WEINGUT SCHUMACHER

Allein schon die Aussicht von der Terrasse des Gutshauses macht den Besuch im Weingut Schumacher zu einem besonderen Erlebnis: Kaum an einer anderen Stelle der Mittelhaardt hat man einen schöneren Blick über das Pfälzer Rebland und die Rheinebene bis hin zum Odenwald – und an klaren Tagen sogar bis zum Schwarzwald. Als besonderes Juwel dieses Gutes gilt aber auch der direkt am Anwesen liegende Himmelreichgarten-Weinberg, der wie ein burgundischer „Clos" komplett von einer Mauer umfriedet ist. Im Weingut Schumacher hat vieles einen feinen Stil, ohne aufgesetzt zu wirken (was auch für die Weine selbst gilt). In der Regel kümmert sich Gutsverwalter Acker persönlich um seine Gäste.

MEIN TIPP

Beachten Sie das markante Schildwachhäuschen im Hof des Weinguts. Es stammt von der ehemaligen Burg der Leininger Grafen in Bad Dürkheim. Nach der Zerstörung der Anlage im Zuge der französischen Revolution wurden diese Unterstände für Wachsoldaten verkauft und einige finden sich noch heute in der Region verstreut, so zum Beispiel auch im Weingut Fitz-Ritter in Bad Dürkheim oder an der Straße zwischen Bad Dürkheim und Kaiserslautern.

KALLSTADT

WEINGUT KOEHLER-RUPRECHT

Ungeachtet seines internationalen Erfolges ist Bernd Philippi, Inhaber des Weinguts Koehler-Ruprecht, nach wie vor ein sympathisches Pfälzer Urgestein geblieben. Wann immer es geht, versucht er trotz seiner zahlreichen Verpflichtungen, die Besucher seines Gutes selbst zu empfangen und durch sein Weinprogramm zu führen. Besonders an Samstagen kann es daher aufgrund der Popularität des Kallstadter Spitzenwinzers hin und wieder zu kleinen Wartezeiten kommen, die man aber bei einem Gläschen im benachbarten familieneigenen Gasthaus angenehm überbrücken kann. Im Weingut stehen übrigens nicht nur die Pfälzer Gewächse des Hauses zur Verkostung bereit, sondern auch die Erzeugnisse aus den Partnerweingütern in Portugal und Südafrika.

MEIN TIPP

Bernd Philippis Rieslinge und Spätburgunder gelten als ausgesprochene „Langstreckenläufer", die häufig erst nach ein paar Jahren im Keller ihr ganzes Potenzial zeigen. Wer zu Hause aber nicht über entsprechende Lagermöglichkeiten verfügt, der sollte im Weingut nach den mit „R" gekennzeichneten Reserve-Weinen fragen. Dies sind besonders lagerfähige Weine, die erst nach einigen Jahren der Flaschenreifung im Weingutskeller in den Verkauf gebracht werden.

8 WEINGUT KOEHLER-RUPRECHT
Weinstraße 84
67169 Kallstadt
Tel.: 0 63 22/18 29
Fax: 0 63 22/86 40
berndphilippi@t-online.de

Preisniveau: gehoben
Anmeldung: empfohlen, samstags erforderlich
Öffnungszeiten: Mo. bis Fr. 9–11 und 13–17 Uhr, Sa. 10–16 Uhr

Der Saumagen – ein Pfälzer Leibgericht

In ihrem schönen Buch über den Saumagen erinnert sich die Fernsehjournalistin Judith Kauffmann gerne an die Schlachtfeste ihrer Kindheitstage: „Das Schlachtfest war mir tatsächlich ein Fest. Dabei setzte oft der Saumagen den Schlusspunkt: Wenn der Schinken gepökelt, das Wellfleisch gekocht, die Würste gemacht waren, dann füllte man in den Magen die Reste – vom Fleisch, vom Wurstbrät, und dazu reichlich Kartoffeln. So gefüllt und gesiedet tischte man ihn auf als Nachtessen am Schlachtfest-Tag. Er sah prächtig aus, duftete wundervoll aromatisch und schmeckte so unvergleichlich, weil Kartoffeln, Fleisch, Brät und Gewürze beim langsamen Garen eine innige Verbindung eingingen."

Heute ist die Zubereitung des Pfälzer Küchenklassikers vor allem eine Frage der gewissenhaften Auswahl der Zutaten. Besonders deutlich wird dies beim wohl berühmtesten Metzger der Pfalz, Klaus Hambel, dessen Ladengeschäft in Wachenheim zur Pilgerstätte der Saumagenfans wurde. Hambel war es, den Helmut Kohl zu seinem Lieblingsmetzger kürte und der den Saumagen für die legendären Einladungen des Kanzlers an internationale Staatsgäste lieferte. Immer freitags macht sich der Wachenheimer Metzger an die Zubereitung von oft über hundert gefüllten Mägen. Der unvergleichbar gute Geschmack wird hier erreicht durch sauber geschnittenes Fleisch aus der Keule und fein gehackte Schulter von Schweinen heimischer Aufzucht, Pfälzer Kartoffeln ausgewählter Sorten und frisch gemahlene Gewürze, wobei der original Thüringer Majoran eine ganz wichtige Rolle spielt. Die mehrfach gewaschenen Mägen werden nach der Füllung bei exakt 72 Grad rund dreieinhalb Stunden sanft gesotten. Vor dem Servieren wird der Saumagen dann in fingerdicke Scheiben aufgeschnitten und der Magen – der eigentlich nur eine Hülle darstellt und nicht mitgegessen wird – entfernt. In Weinstuben und Gaststätten bekommt man die Scheiben üblicherweise kurz in der Pfanne angebraten und mit Sauerkraut und Kartoffelpüree serviert.

★ **Lesetipp: Judith Kauffmann, „Der Saumagen – Entdeckungsreise in das Innere eines Pfälzer Küchenklassikers", Annweiler 2004.**

Die Gourmettempel der Pfalz

Die Pfalz ist für ihre deftigen Spezialitäten und ihre ländliche Gasthaus- und Weinstubenkultur bekannt. Folgende Adressen gelten hingegen als überregional bekannte Feinschmeckerdestinationen.

RESTAURANT LUTHER

Die Feinschmeckeroase von Freinsheim lockt nicht nur mit ihren immer wieder aufs Neue überraschenden Kompositionen von Küchenchef Dieter Luther, sondern gilt auch unter Liebhabern großer gereifter Rotweine als Eldorado.

Hauptgerichte von 22 bis 32 €, Menüs um 75 €

Geschlossen: Mittags außer an Feiertagen, So.

★ **Hauptstraße 29, 67251 Freinsheim, Tel.: 0 63 53/9 34 80, E-Mail: luther@luther-freinsheim.de, Internet: www.luther-freinsheim.de**

RESTAURANT SCHWARZER HAHN

Seit den 80er-Jahren ist das Luxus-Restaurant im Gewölbekeller des noblen Deidesheimer Hofs ein Zentrum der Pfälzer Gourmandise. Hier führt Stefan Neugebauer das Zepter und begeistert mit mediterran inspirierten Kreationen, die die deftigen regionalen Einflüsse subtil in die Haute Cuisine integrieren.

Hauptgerichte um 30 €, Menüs von 70 bis 100 €

Geschlossen: Mittags außer an Feiertagen, So. und Mo.

★ **Am Marktplatz, 67146 Deidesheim, Tel.: 0 63 26/9 68 70, E-Mail: info@deidesheimerhof.de, Internet: www.deidesheimerhof.de**

RESTAURANT ZUR KRONE

Die Kochkunst von Karl-Emil Kuntz hat das ländlich-elegante Gourmet-Restaurant seit vielen Jahren zur höchstdekorierten Schlemmeradresse der Pfalz gemacht. Vor allem die vielseitigen, aus mehr als zwei Dutzend kleinen Einzelgerichten bestehenden Degustationsmenüs lassen hier die Gourmets schwärmen.

Hauptgerichte um 30 €, Menüs von 82 bis 94 €

Geschlossen: Mittags, Mo. und Di.

★ **Hauptstraße 62-64, 76863 Herxheim-Hayna, Tel.: 0 72 76/50 80 E-Mail: info@hotelkrone.de, Internet: www.hotelkrone.de**

Das 333 Meter lange Gradierwerk – heute ein Freiluft-Inhalatorium

Bad Dürkheim und Umgebung

Die alte Kur- und Salinenstadt Bad Dürkheim ist eines der wichtigsten Zentren im pfälzischen Weinland. Rund vier Prozent der gesamten Rebfläche des Anbaugebiets befinden sich innerhalb der Stadtgrenzen und mit dem alljährlich stattfindenden Wurstmarkt feiert man hier das größte Weinfest der Welt. Bereits die Kelten und die Römer wussten die begünstigte Lage dieser Stadt sowohl wegen ihrer Heilquellen als auch wegen der vorzüglichen Wachstumsbedingungen für Reben zu schätzen. Mit zahlreichen Attraktionen und Sehenswürdigkeiten wie der 333 Meter langen Saline, der Klosterabtei Limburg, der Burgruine Hardenburg, dem Pfalzmuseum für Naturkunde, der Spielbank und dem kuriosen Restaurant im Dürkheimer Riesenfass ist die Kreisstadt ein attraktives Ziel für einen Tagesausflug.

Für Weinliebhaber gilt Bad Dürkheim als Tor zum Herzen der Mittelhaardt, also jener Region, die seit Jahrhunderten die feinsten Weine der Pfalz erbracht hat. Besonders die berühmten Weinberge im Norden der Stadt, allen voran die kalkhaltigen Hänge von Michelsberg, Herrenberg und Weilberg, genießen einen Weltruf für feine Rieslinge, Burgunder und Scheureben.

Bad Dürkheim | Wein und Salz – diese beiden Erzeugnisse machten Bad Dürkheim trotz mehrfacher Zerstörung zu einem begehrten Siedlungs- und Handelsplatz. Der Weinbau ist zwar erst seit 1258 urkundlich belegt, aber Ausgrabungen wie die einer römischen Kelter im Stadtteil Ungstein zeigen, dass die Weinbaugeschichte hier weit länger zurückreicht. Und war das Salz der Solequellen im Stadtgebiet einst ein überaus kostbares Gut, so steht es heute im Dienste der Gesundheit: Im 1860 errichteten Gradierwerk, wo früher durch Verdunstung der Salzgehalt der Sole erhöht wurde, ist heute eines der größten Freiluft-Inhalatorien Deutschlands untergebracht.

Das klassizistische Kurhaus von 1826 beherbergt die Spielbank und ein Restaurant.

MEIN LIEBLINGSLOKAL

Philip's Brasserie | Selten ist der Name Brasserie hierzulande so treffend gewählt wie in diesem zurzeit wohl interessantesten Bad Dürkheimer Lokal. Etwas lockerer als ein klassisches Restaurant und doch gehobener als ein Bistro. Die Feinschmecker-Küche folgt französischen Wurzeln mit internationalen Nuancen und bietet ein in dieser Kategorie herausragendes Preis-Genuss-Verhältnis.

➲ Philip's Brasserie
Römerplatz 3
67098 Bad Dürkheim
Tel.: 0 63 22/6 88 08
www.philips-brasserie.de

ESSEN & TRINKEN

➲ Weinstube Bach-Mayer
Gerberstraße 13
67098 Bad Dürkheim
Tel.: 0 63 22/9 21 20
www.weinstube-bachmayer.de
Seit vielen Jahren der Klassiker unter den Bad Dürkheimer Weinstuben. Im Sommer auch mit hübschem Weingarten.

➲ Forsthaus Weilach
67098 Bad Dürkheim-Leistadt
Tel.: 0 63 22/45 05
Urige Grossmutterküche (im besten Sinne) mit rustikalem Ambiente. Wunderschön im Wald über der Stadt gelegen.

➲ Sieben Raben Sommerresidenz
Jägertal 8
67098 Bad Dürkheim-Jägertal
Tel.: 0 63 29/17 24
www.sieben-raben.de
Im malerischen Jägertal gelegenes, beliebtes Ausflugslokal. Köstliche Flammkuchen und gute Weine.

➲ Hotel-Restaurant Fronmühle
Salinenstraße 15
67098 Bad Dürkheim
Tel.: 0 63 22/9 40 90
www.hotel-fronmuehle.de
Angenehmes Traditionshaus unweit der Sehenswürdigkeiten der Stadt.

➲ Restaurant Annaberg
Annabergstraße 1
67098 Bad Dürkheim-Leistadt
Tel.: 0 63 22/9 40 00
www.hotel-annaberg.de

ÜBERNACHTEN

➲ Hotel Weingarten
Triftweg 11a-13
67098 Bad Dürkheim
Tel 0 63 22/9 40 10
www.hotelweingarten.de
Familiär geführtes Weinguts-Hotel. Wurde 2002 vom Fremdenverkehrsverband Rheinland-Pfalz als „Gastgeber des Jahres" ausgezeichnet.

➲ Gartenhotel Heusser
Seebacher Straße 50-52
67098 Bad Dürkheim

Tel.: 0 63 22/93 00
www.hotel-heusser.de
Modern ausgestattetes Hotel in ruhiger Lage mit japanischem Garten.

➲ **Hotel Annaberg**
Annabergstraße 1
67098 Bad Dürkheim-Leistadt
Tel.: 0 63 22/9 40 00
www.hotel-annaberg.de
Wunderschön in den Weinbergen gelegen. Individuelle, geschmackvolle Zimmer und bekanntes Restaurant.

EINKAUFEN

➲ **Spezialitätenmetzgerei Tempel**
Leiningerstraße 11
67098 Bad Dürkheim
Tel.: 0 63 22/28 66
Wurstwaren in handwerklicher Tradition nach alten Familienrezepten.

➲ **Weindom**
St. Michaels Allee 10
67098 Bad Dürkheim
Tel.: 0 63 22/9 49 20
www.weindom.de
Über 200 Weine verschiedener Güter der Region, meist zu „Ab-Hof"-Preisen.

ENTDECKEN

➲ **Klosterruine Limburg**
Große Benediktinerabtei, wurde 1504 von Leininger Bauern in Brand gesteckt. Von Juni bis Aug. Kulturprogramm. Mit Burgschänke.
www.bad-duerkheim.de

➲ **Burgruine Hardenburg**
Gewaltige Burgruine, von 1560 bis 1725 Hauptresidenz der Leininger Grafen. 1794 durch Brand zerstört.
www.kreis-bad-duerkheim.de

➲ **Heimatmuseum Bad Dürkheim**
Römerstraße 20
67089 Bad Dürkheim
Tel.: 0 63 22/98 07 14
www.bad-duerkheim.de

BEWEGEN

➲ **Freizeitbad Salinarium**
Kurbrunnenstraße 28
67098 Bad Dürkheim
Tel.: 0 63 22/93 58 65
www.salinarium.de

RÖMISCHES WEINGUT WEILBERG

Der Fund einiger Getreidesamen führte 1981 im Bad Dürkheimer Stadtteil Ungstein zur Entdeckung eines römischen Landgutes mit einem 150 Meter langen Herrenhaus und elf weiteren Gebäuden. Bei den Ausgrabungen stießen die Archäologen auch auf eine gut erhaltene, fast 2000 Jahre alte Kelteranlage, die heute beim jährlich Ende Juni stattfindenden Weinfest wieder in Betrieb genommen wird. Das auf einer Anhöhe gelegene Gelände mit wunderschöner Aussicht ist jederzeit zugänglich.
www.kreis-bad-duerkheim.de

9 **WEINGUT DARTING**
Am Falltor 4
67098 Bad Dürkheim
Tel.: 0 63 22/97 98 30
Fax: 0 63 22/9 79 83 26
E-Mail: weingut@darting.de
Internet: www.darting.de

Preisniveau: bürgerlich
Anmeldung: nicht erforderlich
Öffnungszeiten: Mo. bis Fr. 8.30–12 und 13–18 Uhr, Sa. 8.30–12 und 13–16 Uhr

BAD DÜRKHEIM

WEINGUT DARTING

Das Weingut Darting befindet sich zentrumsnah unweit der Sehenswürdigkeiten Bad Dürkheims wie den berühmten Salinen, dem Michelsberg, dem Riesenfass und dem Wurstmarktgelände. Bei einem Besuch fällt schnell ins Auge, dass hier in den letzten Jahren vieles erneuert und renoviert wurde. Dies entspricht auch ganz der Geschichte des Weinguts selbst, das sich von Jahr zu Jahr kontinuierlich weiterentwickelt hat und heute nicht nur für seine guten Rieslinge, sondern auch für delikate edelsüße Weine einen besonderen Ruf genießt. Die Dartings sind übrigens auch auf dem Wurstmarkt mit einem Stand vertreten, der für Kenner eine beliebte Alternative zu den auf diesem Weinfest weithin üblichen Massenweinen bietet.

MEIN TIPP

Insbesondere bei den Beerenauslesen aus Scheurebe, Huxelrebe und Rieslaner erscheint mir hier das Preis-Leistungs-Verhältnis als besonders gut. Diese Neuzüchtungen können bei entsprechender Handhabung köstliche edelsüße Weine erbringen, die meist ein gutes Stück günstiger sind als jene des Rieslings.

BAD DÜRKHEIM

WEINGUT FITZ-RITTER

Einen Besuch in diesem Dürkheimer Traditionsbetrieb sollte man stets mit einem Rundgang durch den bemerkenswerten Garten beginnen (wozu man die Gäste und Kunden auf Nachfrage auch gerne einlädt). Dieses an den Rittergarten-Weinberg in Sichtweite des berühmten Michelsberg grenzende Kleinod wurde als der schönste Garten an der deutschen Weinstraße ausgezeichnet und wird für seinen seltenen Baumbestand, unter anderem mit dem größten Ginkgobaum Deutschlands, gerühmt. Zur Verkostung bitten die Besitzer dann in die historischen Stuben des Gutshauses. Dabei sollte man dann auch die Sekte aus eigener Kellerei nicht vergessen.

MEIN TIPP

Lassen Sie sich unbedingt auch die Geschichte des Vorfahren Johann Fitz erzählen. Dieser war 1832 einer der Anführer beim Hambacher Fest und marschierte mit der schwarzen Fahne und der Aufschrift „Die Weinbauern müssen trauern" voran. Daraufhin zur Flucht gezwungen, verbrachte er die Zeit im französischen Exil in der Champagne. Die dort erworbenen Kenntnisse nutzte Fitz bei der Rückkehr in die Heimat zur Gründung der ersten Sektkellerei der Pfalz.

10 WEINGUT FITZ-RITTER
Weinstraße Nord 51
67098 Bad Dürkheim
Tel.: 0 63 22/53 89
Fax: 0 63 22/6 60 05
E-Mail: info@fitz-ritter.de
Internet: www.fitz-ritter.de

Preisniveau: bürgerlich bis gehoben
Anmeldung: nicht erforderlich
Öffnungszeiten: Mo. bis Fr. 8–12 und 13–18 Uhr, Sa. 10–16 Uhr

BAD DÜRKHEIM

WEINGUT KARL SCHAEFER

1843 kaufte der Arzt Dr. Christian Schaefer das stattliche Gutshaus, das seither Sitz dieses Traditionsbetriebs und mittlerweile auch als Kulturdenkmal geschützt ist. Die klassizistische Architektur und der kleine, gepflegte Privatpark mit seinen alten Bäumen künden noch heute vom bürgerlichen Stolz des 19. Jahrhunderts. Passend dazu wird man im Weingut Karl Schaefer zur Verkostung in das ehrwürdige, holzgetäfelte Bürokabinett der überaus freundlichen Gutsbesitzerin Gerda Lehmeyer geführt. Dort können die Besucher an einem gemütlichen Nischentisch die Weine des Hauses, die als Dürkheimer Klassiker im besten traditionellen Stil gelten, verkosten. Angesichts der herzlichen Betreuung durch die Chefin und der hohen Weinqualität versteht man schnell, warum dieses Gut einen so großen Stamm treuer Privatkunden hat.

MEIN TIPP

Bei der vergleichenden Verkostung der Rieslinge aus den Lagen Michelsberg, Gerümpel und Pechstein kann man in diesem Gut sehr gut erschmecken, wie die unterschiedlichen Mineralien – von Kalkstein über Sandstein bis hin zu Basalt – Einfluss auf den Weincharakter nehmen.

11 WEINGUT KARL SCHAEFER
Weinstraße Süd 30
67098 Bad Dürkheim
Tel.: 0 63 22/21 38
Fax: 0 63 22/87 29
E-Mail: info@weingutschaefer.de
Internet: www.weingutschaefer.de

Preisniveau: gehoben
Anmeldung: nicht erforderlich
Öffnungszeiten: Mo. bis Fr. 8–12 und 13–18 Uhr, Sa. 9–16 Uhr

12 WEINGUT PFEFFINGEN – FUHRMANN-EYMAEL
Deutsche Weinstraße
67098 Bad Dürkheim-Pfeffingen
Tel.: 0 63 22/86 07
Fax: 0 63 22/86 03
E-Mail: info@pfeffingen.de
Internet: www.pfeffingen.de

Preisniveau: gehoben
Anmeldung: nicht erforderlich
Öffnungszeiten: Mo. bis Fr. 8–12 und 13–18 Uhr, Sa. 9–12 und 13–17 Uhr

BAD DÜRKHEIM-PFEFFINGEN

WEINGUT PFEFFINGEN – FUHRMANN-EYMAEL

Der nur aus wenigen Häusern bestehende Weiler Pfeffingen vor den Toren von Dürkheim kann auf eine Besiedelung bis in die keltisch-romanische Zeit zurückblicken. Die hier ausgegrabenen und im Hof des Weinguts zu besichtigenden römischen Steinsärge beweisen, dass Pfeffingen bereits in vorchristlicher Zeit als zentrale Begräbnisstätte von hoher kultureller Bedeutung für die Region gewesen war. Heute sind es jedoch vor allem die großartigen Weine von Jan Eymael, die die Besucher anlocken. Der Traditionsbetrieb hat seit dem Einstieg des Junior-Chefs wieder deutlich an Schwung gewonnen und ist neben den klassischen Rieslingen auch für die delikaten Scheureben bekannt. Zur Verkostung dieser Weine kann man sich wahlweise an eine Steh-Theke oder aber in eine Probierstube begeben, die mit aus alten Fassdauben gezimmerten Möbeln und Decken ausgestattet ist.

MEIN TIPP

Achten Sie auf die an der Auffahrt zum Gut angebrachte Glocke. Dieses alte Stück hat eine bewegte Historie hinter sich und konnte erst nach über 350 Jahren im „Exil" im benachbarten Erpolzheim wieder an seinen angestammten Ort zurückgebracht werden. Lassen Sie sich diese Geschichte auf dem Weingut erzählen, es lohnt sich!

⑬ WEINGUT WALTER HENSEL
In den Almen 13
67098 Bad Dürkheim
Tel.: 0 63 22/24 60
Fax: 0 63 22/6 69 18
E-Mail: henselwein@aol.com
Internet: www.weingut-hensel.de

Preisniveau: bürgerlich
Anmeldung: empfehlenswert
Öffnungszeiten: Mo. bis Sa. 9–11.30 und 14–18 Uhr

BAD DÜRKHEIM

WEINGUT WALTER HENSEL

Das Weingut Hensel liegt nur wenige Schritte vom Bad Dürkheimer Sportflugplatz entfernt. Dies erklärt, warum sich das Thema Fliegen wie ein roter Faden durch das Angebot des Gutes zieht. Man findet es im stilisierten Flugzeug auf dem Etikett ebenso wieder wie in den Bezeichnungen „Höhenflug" für die Spitzenweine und „Ikarus" für den beeindruckenden Cabernet-Cuvée. Doch Thomas Hensel, der seit der Übernahme des elterlichen Gutes als einer der Aufsteiger der Pfalz gilt, ist keinesfalls ein abgehobener Überflieger. Ganz im Gegenteil: Alles in diesem Betrieb, von den Weinen bis zur eher traditionellen Probierstube, zeigt, dass man trotz des unverkennbaren Anspruchs die Bodenhaftung nie verloren hat.

MEIN TIPP

Dies ist eines der wenigen Weingüter in Deutschland, das man bequem mit dem Flugzeug erreichen kann. So kommt es hin und wieder tatsächlich vor, dass Kunden mit ihrem Sportflugzeug einfliegen und mit ein paar Kartons „flüssiger Luftfracht" wieder starten.

BAD DÜRKHEIM

WEINGUT EGON SCHMITT

Verkehrsgünstig am Ortsausgang von Bad Dürkheim gelegen, ist das Weingut Schmitt auch eine gute Gelegenheit für einen Zwischenstopp auf der Durchreise (es werden sogar Parkplätze für Wohnmobile bereitgestellt). Seit Juniorchef Jochen Schmitt die Position des Kellermeisters übernommen hat, konnte sich der Betrieb einen guten Namen für frische Weißweine, insbesondere aber auch für charaktervolle Rotweine erarbeiten. Empfangen werden die Gäste des Weinguts in einem an den Stil der Toskana erinnernden hellen und luftigen Saal, an den eine schöne Terrasse anschließt. Auf der gedeihen – wie zum Beweis des bevorzugten Klimas der Region – Olivenbäume, Feigen, Kiwis und sogar eine Korkeiche.

MEIN TIPP

Die ansprechende Architektur des Verkostungsraums setzt sich auch im Barrique-Keller fort, der von hier aus bequem über ein paar Stufen zu erreichen ist. Fragen Sie also nach, ob Sie einen Blick hineinwerfen dürfen.

14 WEINGUT EGON SCHMITT
Am Neuberg 6
67098 Bad Dürkheim
Tel.: 0 63 22/58 30
Fax: 0 63 22/6 88 99
E-Mail: info@weingut-egon-schmitt.de
Internet: www.weingut-egon-schmitt.de

Preisniveau: bürgerlich
Anmeldung: empfehlenswert
Öffnungszeiten: Mo., Di., Do., Fr. 10.30–12 und 13.30–18.30 Uhr, Mi. Anmeldung erforderlich, Sa. 9–15.30 Uhr

BAD DÜRKHEIM-LEISTADT

WEINGUT BRENNEIS-KOCH

Im schlicht, aber freundlich eingerichteten Weingut von Matthias Koch und Verena Suratny kann man auf angenehme Weise die Gewächse zweier völlig unterschiedlicher Regionen der Pfalz verkosten. Dieser Betrieb im nördlich von Dürkheim gelegenen Teilort Leistadt besitzt nämlich Rebflächen in den Hanglagen am Haardtrand ebenso wie in der fruchtbaren Ebene um Ellerstadt. Während zwischen Leistadt und Kallstadt die Pfälzer Klassiker Riesling und Spätburgunder reifen, gilt der kiesige Sand bei Ellerstadt als bevorzugtes Terroir für kraftvolle Rotweine aus internationalen Sorten wie Syrah oder Merlot. Vor allem mit Letzterem hat sich das gastfreundliche und offene junge Winzerpaar einen guten Namen erarbeitet. Ihre Merlot-Rebstöcke gelten sogar als die erste offizielle Anpflanzung dieser Sorte in der Pfalz.

MEIN TIPP

Nach einer Verkostung in Leistadt sollte man sich unbedingt noch Zeit für einen Spaziergang durch das „Felsberg-Berntal"-Naturschutzgebiet nehmen. In dieser zauberhaften, abwechslungsreichen Landschaft leben seltene Vögel wie die Heidelerche, der Zaunammer und der Neuntöter sowie zahlreiche Eidechsenarten und Schlingnattern.

15 **WEINGUT BRENNEIS-KOCH**
Freinsheimer Straße 2
67098 Bad Dürkheim-Leistadt
Tel.: 0 63 22/18 98
Fax: 0 63 22/72 41
E-Mail: bestellen@brenneis-koch.de
Internet: www.brenneis-koch.de

Preisniveau: bürgerlich
Anmeldung: empfehlenswert
Öffnungszeiten: nach Vereinbarung

Der Bad Dürkheimer Wurstmarkt

Der Michelsberg im Norden der Stadt Bad Dürkheim zählt nicht nur zu den besten Weinlagen der Region, er ist auch historisch eng mit der Geschichte des größten Weinfests der Welt, dem „Dürkheimer Wurstmarkt" verknüpft. Bis 1601 stand hier die Michaelskapelle, die über mehrere Jahrhunderte hinweg, stets am 29. September, dem Namenstag des Heiligen Michael, ein beliebtes Ziel für Pilger war. Rasch wurden diese Wallfahrten dann auch von einem bunten Markttreiben begleitet. Bereits im Jahr 1449 schuf das Kloster Limburg hierfür eine eigene Marktordnung. 1832 wurde der St. Michalismarkt dann in den heute weltbekannten „Wurstmarkt" umbenannt. Seit 1910 wird am zweiten und dritten Wochenende im September gefeiert. Im Zentrum des Dürkheimer Wurstmarktes stehen heute die vielen kleinen Weinzelte, die so genannten „Schubkarchstände" mit ihren hölzernen Tischen und Bänken. Hier wird der Rebensaft traditionell in dem einen halben Liter fassenden Pfälzer Schoppenglas ausgeschenkt. Wem dies zu rustikal ist, der bekommt im von Dürkheimer Weinbaubetrieben aufgebauten Weindorf und Winzergarten hochwertige Weine auch in Stilgläsern serviert. Der Durst der jährlich über einer halben Million Besucher ist legendär. Im Jahr 2003 wurde ein neuer Rekord aufgestellt: rund 660 000 Besucher kamen an den neun Festtagen nach Dürkheim und konsumierten dabei über 300 000 Liter Wein.

Blick von der Ruine Wachtenburg auf das sonnenverwöhnte Wachenheim

Wachenheim und Umgebung

Matthäus Merian bezeichnete Wachenheim schon 1645 in seiner „Topographia Palatinatus Rheni" als ein schönes Städtchen, das „wegen des köstlichen Weins berühmt ist". Unterhalb der Burgruine Wachtenburg gelegen, ist Wachenheim unter Kennern vor allem durch seine duftigen Rieslinge aus den Spitzenlagen wie Rechbächel oder Böhlig bekannt geworden. Die berühmteste Lage des Ortes ist aber ohne Zweifel das Wachenheimer Gerümpel. Der seltsame Name hat nichts mit Unrat oder Abfall zu tun, sondern geht wahrscheinlich auf den Familiennamen Grympel zurück. Inmitten von Weinbergen liegt auch die Villa Rustica – ein römischer Bauernhof aus dem dritten Jahrhundert n. Chr.

Ebenfalls zur Verbandsgemeinde Wachenheim gehören die Orte Gönnheim und Ellerstadt. Der an der Weinstraße vorherrschende, mit Geröll aufgelockerte Verwitterungsboden wird hier deutlich sandiger. Teilweise ist er stark von Kies durchsetzt, was vor allem für charaktervolle Rotweine ein gutes Terroir bildet. An anderen Stellen bietet hier auch kalkhaltiger Lösslehm gute Voraussetzungen für stoffige Weine mit Tiefe und Rückgrat.

Wachenheim | Das Städtchen Wachenheim war im Laufe seiner Geschichte immer wieder Schauplatz von Krieg und Zerstörung – zuletzt 1945, als hier der Führungsstab der Heeresgruppe „G" untergebracht war. Bereits im 15. Jahrhundert wurde das heutige Wahrzeichen der Stadt, die Wachtenburg, gebrandschatzt und danach nur noch teilweise wieder aufgebaut. Heute genießt die Ruine wegen ihres schönen Ausblicks auf die Rheinebene den Beinamen „Balkon der Pfalz". Bemerkenswert ist auch die Kirche St. Georg, die lange Zeit zwei Konfessionen unter ihrem Dach beherbergte: die Protestanten im westlichen Langhaus, die Katholiken im östlichen Teil.

Eingangsportal des barocken Schlosses Wachenheim, seit 1888 Sitz einer bekannten Sektkellerei

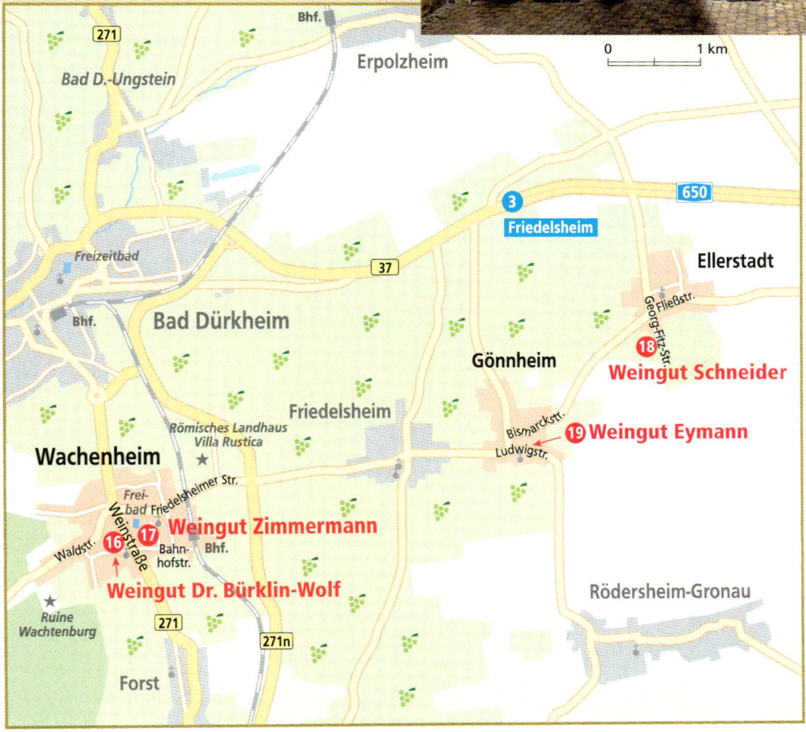

MEIN LIEBLINGSLOKAL

Landgasthof zum Lamm | So stellt man sich ein gut geführtes Dorfgasthaus vor: Stattlich in der Ortsmitte gelegen, gemütliche Stuben, ein idyllischer Innenhof zum Draußensitzen, eine Weinkarte mit den besten Erzeugern aus der Nähe und ein Wirt, der selbst am Herd steht und eine Küche bietet, die Ländliches mit gehobenem Anspruch verbindet: vom Flammkuchen bis zum Lammfilet.

➲ Landgasthof zum Lamm
Bismarckstraße 21
67161 Gönnheim
Tel.: 0 63 22/9 52 90
www.restaurant-zum-lamm.de

ESSEN & TRINKEN

➲ Weinstube Alte Münze
Langgasse 2a
67157 Wachenheim
Tel.: 0 63 22/6 52 19
Gemütliche Weinstube mit herzlichem Service und feiner hausgemachter Bratwurst.

➲ Restaurant Cuvée 1888
Kommerzienrat-Wagner-Straße 1
67157 Wachenheim
Tel.: 0 63 22/95 51 95
www.schloss-wachenheim.de
Elegantes, modernes Restaurant in der bekannten Sektkellerei Schloss Wachenheim. Gute Sektkarte, auch glasweise.

➲ Weinstube Eymann
Ludwigstraße 35
67161 Gönnheim
Tel.: 0 63 22/28 08
www.weinguteymann.de

➲ Weinstube Gerümpelstube
Hintergasse 4
67157 Wachenheim
Tel.: 0 63 22/85 50

ÜBERNACHTEN

➲ Landgasthof zum Lamm
Bismarckstraße 21
67161 Gönnheim
Tel.: 0 63 22/9 52 90
www.restaurant-zum-lamm.de
Ruhige, wohnliche Zimmer in klassischem Landgasthof mit guter Küche.

EINKAUFEN

➲ Metzgerei Hambel
Hintergasse 1
67157 Wachenheim
Tel.: 0 63 22/46 13
www.metzgerei-hambel.de
Der berühmteste Metzger der Pfalz. Legendär: Saumagen und Bratwürste.

➲ Brennerei Räch
Im Königswingert 2
67157 Wachenheim
Tel.: 0 63 22/98 02 13
www.raech-wachenheim.de
Hervorragende Obst- und Tresterbrennerei mit internationalem Renommee.

➲ Apfelgut Zimmermann
Bahnhofstraße 36
67157 Wachenheim
Tel.: 0 63 22/82 20
www.apfelgut-zimmermann.de
Hier dreht sich alles um Äpfel: Saft, Schaumwein, Balsamessig, Destillate.

➲ Metzgerei Beck
Hauptstraße 42
67159 Friedelsheim
Tel.: 0 63 22/10 42

Kleine Landmetzgerei mit Pfälzer Spezialitäten aus ökologischer Erzeugung, z.B. Schwäbisch-Hällisches-Landschwein.

➲ **Spargelhof Walter**
Ludwigstraße 50
67161 Gönnheim
Tel.: 0 63 22/6 69 64
www.spargelhof-walter.de
In der Saison täglich frisch gestochener Spargel von hoher Qualität, auf Wunsch auch in Sekundenschnelle geschält.

ENTDECKEN

➲ **Kurpfalz-Park Wachenheim**
Großer Wild- und Freizeitpark mit Greifvogel-Flugschau, Kinderwelt und Sommerrodelbahn.
www.kurpfalzpark.de

RÖMISCHES LANDHAUS VILLA RUSTICA

Dieses römische Landgut mit großem Herrenhaus und zwei Badeanlagen wurde 1980 bei Flurbereinigungsarbeiten entdeckt. Mit seinen teilweise rekonstruierten Gebäuden, Kellern und Grundmauern ist es heute ein sehenswertes Freilichtmuseum. Bedeutende Funde und Grabbeigaben wie das „Wachenheimer Urschoppenglas" sind im Historischen Museum von Speyer zu bewundern. Das Gut ist Ausgangspunkt des „Römerwanderwegs". Parkplätze an der B 271. Infos zu Führungen Tel.: 0 63 22/ 95 80 32.
www.wachenheim.de

Idyllischer Burgweiher in Friedelsheim

➲ **Waagenmuseum Wachenheim**
Waldstraße 34
67157 Wachenheim
Tel.: 0 63 22/6 36 75
Öffnungszeiten: So. 10-18 Uhr und nach Vereinbarung
Privatsammlung mit rund 450, zum Teil kuriosen Waagen und 1000 Gewichten in einem renovierten Bauernhaus.
www.kreis-bad-duerkheim.de

BEWEGEN

➲ **Nordic-Walking-Zentrum Wachenheim**
Drei Rundtouren von leicht bis schwierig, Kurse möglich. Startpunkt: Parkplatz Freibad Wachenheim, Tafel mit Streckenplan. Pläne und Höhenprofile auch unter:
www.wachenheim.de

➲ **Freibad Wachenheim**
Friedelsheimer Straße 13
67157 Wachenheim
Tel.: 0 63 22/75 25
Geöffnet von Mitte Mai bis Mitte Sept.
www.vg-wachenheim.de

➲ **Johann-Casimir-Rundweg Friedelsheim**
Kultur-Spaziergang auf den Spuren des Pfalzgrafen Johann-Casimir.
www.friedelsheim.de

WACHENHEIM

WEINGUT DR. BÜRKLIN-WOLF

Kaum ein anderes Weingut in Deutschland empfängt seine Gäste und Kunden in einem solch stilvollen Rahmen wie Dr. Bürklin-Wolf. Zur Verkostung wird man in einen mit Gemälden und historischen Möbeln ausgestatteten Saal gebeten, wo man es sich in schweren Sesseln bequem machen kann und die Weine des Hauses gereicht bekommt. Das Weingut erlebte seit den neunziger Jahren einen kometenhaften Aufstieg und gilt heute als einer der weltbesten Erzeuger für trockene Rieslinge. Interessant ist dabei, dass hier die Rieslinge nicht nach Prädikaten, sondern gutsintern nach der Wertigkeit der Lagen klassifiziert sind und in „PC" (für Premier Cru) und „GC" (für Grand Cru) Appellationen unterteilt werden. Alle Weine dieses großen Gutes werden nach der biologisch-dynamischen Wirtschaftsweise erzeugt.

MEIN TIPP

Die Philosophie dieses Betriebes ist besonders deutlich vom „Terroir" geprägt, das heißt, von den Eigenschaften des Weinbergs, seines Bodens und seines Mikroklimas. Im Vordergrund steht die Individualität der jeweiligen Lage. Es ist faszinierend zu verkosten, wie hier benachbarte, auf den ersten Blick scheinbar ähnliche Weinberge wie beispielsweise der Jesuitengarten und der Pechstein in Forst völlig unterschiedliche Weintypen hervorbringen.

16 WEINGUT DR. BÜRKLIN-WOLF
Weinstraße 65
67157 Wachenheim
Tel.: 0 63 22/9 53 30
Fax: 0 63 22/95 33 30
E-Mail: bb@buerklin-wolf.de
Internet: www.buerklin-wolf.de

Preisniveau: gehoben bis Luxus
Anmeldung: nicht erforderlich
Öffnungszeiten: Do. und Fr. 11–18 Uhr, Sa. und So. 11–16 Uhr

17 WEINGUT ZIMMERMANN
Grabenstraße 65
67157 Wachenheim
Tel.: 0 63 22/23 84
Fax: 0 63 22/6 51 60
E-Mail: weingut-juergen-zimmermann@t-online.de

Preisniveau: günstig bis bürgerlich
Anmeldung: empfehlenswert
Öffnungszeiten: Mo. bis Fr. 9–12 und 14–18 Uhr, Sa. 9–16 Uhr

WACHENHEIM

WEINGUT ZIMMERMANN

Im Kielwasser der großen Wachenheimer Güter J. L. Wolf und Dr. Bürklin-Wolf hat sich das Familienweingut Zimmermann immer mehr zu einem Geheimtipp entwickelt – als interessante Alternative zu den berühmten Nachbarn, die auch für kleinere Geldbeutel geeignet ist. Während man jedoch bei den beiden großen Gütern in dieser Stadt oft konzentrierte und dichte Weine findet, zeichnet sich der Stil der Zimmermanns selbst bei den trockenen Spätlesen eher durch eine schlanke Rasse aus. Der stets gut gelaunte Juniorchef Jürgen Zimmermann empfängt seine Kunden in der traditionell-bürgerlichen Probierstube des Weinguts, das sich in einer kleinen Seitenstraße im Ortskern von Wachenheim befindet.

MEIN TIPP

Der auch in dieser Region traditionelle Gewürztraminer gilt im Weingut Zimmermann als besondere Spezialität. Mit seiner balancierten Fruchtigkeit und seinem nervigen Rückgrat trinke ich ihn besonders gerne zu Hartkäsen.

18 **WEINGUT SCHNEIDER**
Georg-Fitz-Straße 12
67158 Ellerstadt
Tel.: 0 62 37/72 88
Fax: 0 62 37/97 72 30
E-Mail: info@weingutschneider.de
Internet: www.weingutschneider.de

Preisniveau: gehoben
Anmeldung: erforderlich
Öffnungszeiten: nach Vereinbarung

ELLERSTADT

WEINGUT SCHNEIDER

Seit Markus Schneider mit seinen bemerkenswerten, teilweise sogar spektakulären Weinen von sich reden gemacht hat, ist der kleine Ort Ellerstadt zu einem beliebten Ziel der Weinkenner aus nah und fern geworden. Der Shooting-Star der Pfälzer Weinszene wird oft als „junger Wilder" bezeichnet, doch beim persönlichen Kennenlernen wird schnell klar, wie unpassend dieser Begriff ist. Zwar gehört Markus Schneider tatsächlich zur jungen Winzergeneration der Pfalz, aber alles, was er anpackt, macht er mit großer Gewissenhaftigkeit und mit klaren Zielen. Auch der hübsche Verkostungsraum mit seinem hellen, freigelegten Fachwerk strahlt diese klare Unaufgeregtheit aus: jung und dynamisch, aber auf der Tradition wurzelnd und mit einem klarem Selbstverständnis.

MEIN TIPP

Der Portugieser, eine Rebsorte, die üblicherweise nur belanglose Konsumweine liefert, wird hier durch die geschickten Hände Markus Schneiders zu einem geradezu sensationellen Rotwein: dem aus über 80 Jahre alten Rebstöcken erzeugten so genannten „Einzelstück".

GÖNNHEIM

WEINGUT EYMANN

Rainer und Ingeborg Eymann gelten als wichtige Vorreiter für den ökologischen Weinbau in der Pfalz. Bereits seit rund eineinhalb Jahrzehnten geht man diesen alternativen Weg der Weinerzeugung mit gutem Erfolg und großer Konsequenz. Im persönlichen Gespräch mit den Winzern ist es aber überaus angenehm festzustellen, dass man es hier keinesfalls mit verbohrten Dogmatikern, sondern – ganz im Gegenteil – mit lebensfrohen, offenherzigen Menschen zu tun hat. Schnell fühlt man sich in diesem Weingut nicht nur willkommen, sondern beinahe heimisch. Dies gilt insbesondere für die Sommermonate, wenn die Tische im Gutshof, von einem ausladenden Kiwibaum (!) beschattet, zur Verkostung einladen. Auch in der von Donnerstag bis Samstag jeweils abends geöffneten Weinstube des Gutes werden die Gerichte überwiegend mit Zutaten aus ökologischer Erzeugung zubereitet.

MEIN TIPP

Einen ordentlichen Saumagen bekommt man in der Region an jeder Ecke. In der Weinstube Eymann wird dieser jedoch aus dem selbst bei Spitzenköchen hoch gelobten schwäbisch-hällischen Schweinefleisch zubereitet – unbedingt probieren!

19 WEINGUT EYMANN
Ludwigstraße 35
67161 Gönnheim
Tel.: 0 63 22/28 08
Fax: 0 63 22/6 87 92
E-Mail: info@weinguteymann.de
Internet: www.weinguteymann.de

Preisniveau: günstig bis bürgerlich
Anmeldung: nicht erforderlich
Öffnungszeiten: Mo. bis Fr. 8–12 und 13–19 Uhr, Sa. 10–19 Uhr

„Ihre Majestät legt selbst Hand an" – die Deidesheimer Weinkönigin

Deidesheim und Umgebung

In Deidesheim, Forst und Ruppertsberg erreichen die berühmten Weinberge der Mittelhaardt ihren Höhenpunkt. Legendäre Lagennamen wie Kirchenstück, Ungeheuer, Pechstein, Grainhübel oder Hohenmorgen gelten weltweit als Synonym für feinste Pfälzer Rieslinge. Vor allem Deidesheim selbst genießt den Ruf als die wohl führende Weinmetropole der Region. Die vielen stattlichen Gründerzeitvillen zeugen ebenso von diesem Glanz wie die Namen der großen, international bekannten Weingüter. Doch auch gastronomisch und touristisch kann man hier mit einigen renommierten Restaurants und Weinstuben sowie Sehenswürdigkeiten wie dem historischen Rathaus zu Recht vom Herzen der Pfalz sprechen.

In den Weinbergen zeigt sich innerhalb nur weniger Kilometer eine große Diversität der Böden und Lagen, die für die charaktervolle Terroir-Prägung der hier wachsenden Weine sorgt. So findet man in den legendären Forster Weinbergen die Sandsteinverwitterung oft mit faustgroßen Basaltsteinen und stellenweise auch mit Kalkgeröll durchsetzt. Und in Deidesheim nuanciert der Boden mit mergeligem Ton, sandigem Lehm, Löss und ebenfalls Kalk.

Deidesheim | Unter Helmut Kohl stand Deidesheim immer wieder im internationalen Rampenlicht: Nämlich dann, wenn der ehemalige Bundeskanzler Staatsoberhäupter wie Michail Gorbatschow, Margaret Thatcher oder Boris Jelzin in das Sternelokal „Deidesheimer Hof" einlud. Doch auch bei weniger prominenten Gästen ist der Weinort äußerst beliebt. Neben den berühmten Weingütern locken das Museum für Weinkultur und das Deutsche Film- und Fototechnik Museum, aber auch zahlreiche Feste wie die traditionelle Geißbock-Versteigerung zu Pfingsten, die Weinkerwe im August und der Deidesheimer Advent, ein Weihnachtsmarkt mit vielen regionalen Kunsthandwerkern.

Herbst in Deidesheim: ein Traum in Rot-Gold

MEIN LIEBLINGSLOKAL

Das zum Weingut Dr. Bürklin-Wolf gehörende Gasthaus ist ein Paradies für Freunde ländlicher Gourmandise. Die große Weinkarte umfasst nicht nur die eigenen Spitzengewächse, darunter viele Raritäten, sondern bietet ebenso die Weine anderer Topwinzer der Pfalz zu fairen Preisen an. In der Küche zaubert Florian Winter auf hohem Niveau aus überwiegend lokalen Zutaten ländlich inspirierte Köstlichkeiten.

➲ **Gasthaus zur Kanne**
Weinstraße 31
67146 Deidesheim
Tel.: 0 63 26/9 66 00
www.gasthauszurkanne.de

ESSEN & TRINKEN

➲ **Sankt Urban im Deidesheimer Hof**
Am Marktplatz
67146 Deidesheim
Tel.: 0 63 26/9 68 70
www.deidesheimerhof.de
Durch Helmut Kohl berühmt gewordene Weinstube im noblen Deidesheimer Hof. Hier hat der Kanzler zum Saumagen geladen.

➲ **Weinbar im Ketschauer Hof**
Ketschauerhofstraße 1
67146 Deidesheim
Tel.: 0 63 26/7 00 00
www.ketschauer-hof.com
Elegante Weinbar des neu eröffneten Luxusrestaurants des Weinguts Bassermann-Jordan. Schöne Terrasse.

➲ **Wein- und Schmankerlstube zur Wehr**
Im Elster 8
67147 Forst
Tel.: 0 63 26/69 84
Gute Weine und herzhafte Küche. Das selbstgebackene Brot und das Tatar vom Pfälzer Weideochsen sind legendär.

➲ **Gutsausschank Dr. Bürklin-Wolf im Hofgut Ruppertsberg**
Obergasse 2
67152 Ruppertsberg
Tel.: 0 63 26/98 20 97(Fr. bis So.),
0 63 22/95 33 22 (Mo. bis Do.)
www.hofgutruppertsberg.de

➲ **Weinstube Kirchenstübl**
Kirchgasse 8
67146 Deidesheim
Tel.: 0 63 26/82 68

➲ **Weinstube Turm Stübl**
Turmstraße 3
67146 Deidesheim
Tel: 0 63 26/98 10 81
www.turmstuebel.de

ÜBERNACHTEN

➲ **Hotel Deidesheimer Hof**
Am Marktplatz
67146 Deidesheim

Tel.: 0 63 26/9 68 70
www.deidesheimerhof.de
Bekanntes Relais & Chateaux Hotel. Verbindet Luxus mit ländlichem Charme.

➲ **Landhotel Hotel Lucashof**
Wiesenweg 1a
67147 Forst
Tel.: 0 63 26/3 36
www.lucashof.de
Helles, freundliches Weinguts-Hotel im mediterranen Landhaustil.

➲ **Hotel Steigenberger**
Am Paradiesgarten 1
67146 Deidesheim
Tel.: 0 63 26/9 70-0
www.deidesheim.steigenberger.de
Angenehmes, modernes Hotel im amerikanischen Stil der 30er-Jahre eingerichtet, in den Rebgärten gelegen.

EINKAUFEN

➲ **Galerie Bettina C. Morio**
Heumarktstraße 10
67146 Deidesheim
Tel.: 0 63 26/41 12
www.moriokunst.de
Die renommierte Bildhauerin empfängt am Wochenende nachmittags gerne Besucher in ihrer Ausstellung.

ENTDECKEN

➲ **Deutsches Film- und Fototechnik Museum**
Weinstraße 33
67146 Deidesheim
Tel.: 0 63 26/65 68 oder 98 10 68
www.dftm.de
Von der Super-8-Kamera bis zum Elektronenmikroskop – bei über 4000 Ausstellungsstücken kommen Film- und Fotofreunde in diesem etwas verborgen gelegenen Museum voll auf ihre Kosten.

BEWEGEN

➲ **Wanderung zur Michaelskapelle**
Verlängerung der Route zu den Heidenlöchern und zum Eckkopfturm möglich. Start: Hatterer's Hotel, Ortsmitte Deidesheim.
www.wanderportal-pfalz.de

➲ **Radtour Urlaubsregion Deidesheim**
15 km langer Rundweg durch die Weinorte um Deidesheim. Start: Bahnhof Deidesheim.
www.deidesheim.de

MUSEUM FÜR WEINKULTUR DEIDESHEIM

Nicht nur der Weinbau selbst wird im barocken Rathaus von Deidesheim mit vielen Exponaten erklärt, sondern ebenso seine reiche kulturgeschichtliche Bedeutung: von der Literatur und Kunst über die Medizin bis hin zur Politik. Im Erdgeschoss bietet sich dann die Gelegenheit, von der Theorie zur Praxis überzugehen: Dort können am Wochenende in der Vinothek Weine der Region probiert und gekauft werden. Der Eintritt ins Museum ist frei!

➲ **Historisches Rathaus**
Marktplatz
67146 Deidesheim
Tel.: 0 63 26/98 15 61
www.weinkultur-deidesheim.de

20 **WEINGUT DR. DEINHARD**
Weinstraße 10
67146 Deidesheim
Tel.: 0 63 26/2 21
Fax: 0 63 26/79 20
E-Mail: weingut@dr-deinhard.de
Internet: www.dr-deinhard.de

Preisniveau: gehoben
Anmeldung: nicht erforderlich
Öffnungszeiten: Mo. bis Fr. 8–17.30 Uhr, Sa. 9.30–17 Uhr

DEIDESHEIM

WEINGUT DR. DEINHARD

An der Weinstraße in Richtung Forst stehen in Deidesheim einige stattliche Villen, aber am auffälligsten ist die des traditionsreichen Weinguts Dr. Deinhard mit dem markanten goldenen Hirschen davor. Der an einer Straßenbiegung gelegene Betrieb wurde Mitte des 19. Jahrhunderts von der Koblenzer Sektdynastie Deinhard gegründet, hat aber heute nichts mehr mit der bekannten Sektmarke zu tun. Die noble Sandstein-Fassade des Gutshauses steht ein wenig im Gegensatz zum bodenständigen ehemaligen Pferdestall, in dem man hier zur Verkostung empfangen wird. Vieles in diesem Gutshof scheint den Charme der vergangenen Jahrhunderte zu atmen und ein wenig hat man das Gefühl, in die „gute alte Zeit" zurückversetzt zu sein.

MEIN TIPP

Direkt hinter dem Weingut liegt – sozusagen als Hausweinberg – der Grainhübel. Diese Lage galt lange Zeit als die beste in Deidesheim. Früher wurden für die Weine dieses Hanges manchmal sogar Preise erzielt, die selbst die des berühmten Forster Kirchenstücks noch überstiegen.

DEIDESHEIM

WEINGUT GEHEIMER RAT DR. VON BASSERMANN-JORDAN

Seit der Neugestaltung der Verkaufs- und Empfangsräume ist das Spitzenweingut Dr. Bassermann-Jordan fast zu einer Pflichtadresse für Weinfreunde auf ihrem Besuch in der Pfalz geworden. Die geschmackvoll eingerichtete, im Zentrum von Deidesheim direkt neben der Kirche gelegene Vinothek des Gutes ist nun im ehemaligen Brunnenhaus untergebracht. Hier verweist ein durch eine Glasscheibe im Boden zu sehender mittelalterlicher Brunnenschacht noch heute auf die ehemalige Nutzung des Gebäudes. Wer lieber an der frischen Luft verkosten möchte, der sollte beim Verkaufsteam nachfragen, ob er sich in den pittoresken Innenhof begeben darf.

MEIN TIPP

Das Weingut beherbergt auch eine unvergleichliche Sammlung von Gläsern, Tongefäßen, Flaschen, Amphoren und Kannen, die zum Teil in den eigenen Weinbergen ausgegraben wurden und bis in die Römerzeit zurückreichen. Einige wenige Stücke hiervon sind im Verkaufsraum zu sehen. Wer mehr von dieser Sammlung sehen möchte, der sollte versuchen, schon im Vorfeld sein Interesse zu bekunden und sich rechtzeitig anmelden.

21 WEINGUT GEHEIMER RAT DR. VON BASSERMANN-JORDAN
Kirchgasse 10
67146 Deidesheim
Tel.: 0 63 26/60 06
Fax: 0 63 26/60 08
E-Mail: info@bassermann-jordan.de
Internet: www.bassermann-jordan.de

Preisniveau: gehoben bis Luxus
Anmeldung: nicht erforderlich
Öffnungszeiten: Mo. bis Fr. 8–12 und 13–18 Uhr, Sa. und So. 10–15 Uhr

DEIDESHEIM

WEINGUT JOSEF BIFFAR

Kommt man von der Bundestraße die erste Abfahrt im Kreisverkehr nehmend nach Deidesheim, so begrüßt den Besucher als eines der ersten Gebäude das prachtvolle Gutshaus Biffar. Bereits der romantische, denkmalgeschützte Innenhof mit einer majestätischen Eiche lässt die große Historie dieses rund 125 Jahre alten Hauses erahnen. Die anerkannt hochwertigen Weine des Gutes kann man dann in zwei klassizistisch geprägten Zimmern von schlichter Eleganz verkosten. Interessant ist dabei, dass im Hause Biffar, dessen Name auf den 1734 von Lyon in die Pfalz ausgewanderten Jean Biffar zurückgeht, neben dem Riesling auch der Weißburgunder eine deutlich wichtigere Rolle spielt als in den meisten anderen Gütern des Ortes.

MEIN TIPP

Der Betrieb erzeugt nicht nur sehr gute Weine, sondern auch bemerkenswerte kandierte Früchte. Besonders delikat schmecken mir dabei die Ingwer-Zubereitungen, mit denen sich auch interessante Kombinationen zu den feinen edelsüßen Weinen des Hauses Biffar ergeben können.

22 WEINGUT JOSEF BIFFAR
Niederkirchener Straße 13-15
67146 Deidesheim
Tel.: 0 63 26/70 13 00
Fax: 0 63 26/70 13 11
E-Mail: info@josef-biffar.de
Internet: www.josef-biffar.de

Preisniveau: gehoben
Anmeldung: nicht erforderlich
Öffnungszeiten: Mo. bis Fr. 9–12 und 13–17.30 Uhr, Sa. 10–12 und 13–16 Uhr

23 WEINGUT REICHSRAT VON BUHL
Weinstraße 16
67146 Deidesheim
Tel.: 0 63 26/96 50 0
Fax: 0 63 26/96 50 24
E-Mail: info@reichsrat-von-buhl.de
Internet: www.reichsrat-von-buhl.de

Preisniveau: gehoben bis Luxus
Anmeldung: nicht erforderlich
Öffnungszeiten: Mo. bis Fr. 9–12 und 13–18 Uhr, Sa. und So. 10–12 und 13–17 Uhr (im Winter sonntags nur 13–17 Uhr, im Januar sonntags geschlossen)

DEIDESHEIM

WEINGUT REICHSRAT VON BUHL

Das berühmte und mit seiner von Efeu umrahmten Fassade auch optisch auffällige Weingut Buhl ist ein einladender Ort von gepflegter Eleganz. So manches Detail zeigt hier eine gewisse Noblesse, nichts jedoch wirkt übertrieben. Dies erkennt man an dem kleinen, gepflegten Privatpark ebenso wie an der stilvollen Innenarchitektur. Der freundliche Empfang durch Klaus Küsters und seine Frau Petra fügt sich da perfekt in den würdevollen Rahmen des Hauses. Im klassischen Probierzimmer sitzt man nicht selten gemeinsam mit anderen Weinfreunden zur Verkostung des Sortiments an einen massiven, großen Tisch mit zehn Plätzen.

MEIN TIPP

In den Weinkeller des Guts wurde hier in den letzten Jahren viel investiert und vor allem das schöne Gewölbe, in dem die Barrique-Fässer lagern, ist überaus sehenswert. Auf Nachfrage führt man interessierte Besucher gerne hinunter.

24 WEINGUT ACHAM-MAGIN
Weinstraße 67
67147 Forst
Tel.: 0 63 26/3 15
Fax: 0 63 26/62 32
E-Mail: info@acham-magin.de
Internet: www.acham-magin.de

Preisniveau: bürgerlich bis gehoben
Anmeldung: empfehlenswert
Öffnungszeiten: Mo. bis Sa. 9–12 und 15–21 Uhr, So. 11–13 Uhr

FORST

WEINGUT ACHAM-MAGIN

Vieles in diesem Betrieb scheint von der Persönlichkeit der Inhaberin Anna-Barbara Acham und der langen Wein-Historie ihrer Familie geprägt. Im Sommer genießt man die Weine im kleinen Innenhof des mit seiner auffallenden Barockfassade in der Ortsmitte von Forst leicht zu findenden Guts. Ansonsten stehen die für den eigenen Gutsauschank genutzten Stuben zur Verfügung, die trotz der Betriebsamkeit ihren privaten Charakter bewahrt haben. Schon seit fast dreihundert Jahren werden diese Räume, die zu einer ehemaligen Ausschankstelle des Bischofs gehörten, zur Bewirtung von Gästen genutzt. Frau Acham legt Wert darauf, sich stets selbst um Gäste und Kunden zu kümmern, und erläutert dabei gerne die Eigenschaften der bekannten Forster Lagen und ihre saftig-mineralischen Rieslinge.

MEIN TIPP

Direkt neben dem Weingut führt ein enges Gässchen ein paar Schritte hinauf zum Forster Kirchenstück. Dieser Weinberg gilt seit jeher als die unbestritten beste Lage der Pfalz und erbrachte vor allem im 19. Jahrhundert Weine, die zu den feinsten und teuersten Tropfen der Welt gezählt wurden.

FORST

WEINGUT EUGEN MÜLLER

Von der Forster Umgehungstraße aus ist das Weingut Müller, das auch über zwei schöne Ferienwohnungen verfügt, leicht zu erreichen. Es bietet den Besuchern mit seinen schattigen, mit einer Reb-Pergola überwachsenen Parkplätzen einen besonderen Komfort. Seit Juniorchef Stephan Müller die Position des Kellermeisters übernommen hat, hat sich hier einiges getan und man kann das Gut in einer überaus interessanten Entwicklung beobachten. Auch die Empfangs- und Verkostungsräume dürften nach Abschluss der Neugestaltung der gehobenen Qualitätsphilosophie entsprechen. Um den Erhalt seiner guten Weinqualitäten unbeeinträchtigt bis in den Keller der Kunden sicherzustellen, setzt Stephan Müller bei der Abfüllung verantwortungsbewusst auf Glasverschlüsse als Alternative zum Korken.

MEIN TIPP

An der Einfahrt zum Weingut findet man einen kleinen Musterweinberg, in dem man sich die Unterschiede in Wuchs und Blattform der angebauten Weißweinsorten anschauen und erläutern lassen kann.

25 WEINGUT EUGEN MÜLLER
Weinstraße 34a
67147 Forst
Tel.: 0 63 26/3 30
Fax: 0 63 26/68 02
E-Mail: weingut-eugen-mueller@t-online.de
Internet: www.weingut-eugen-mueller.de

Preisniveau: bürgerlich
Anmeldung: empfehlenswert
Öffnungszeiten: Mo. bis Fr. 8–12 und 13.30–18 Uhr, Sa. 9–16 Uhr

FORST

WEINGUT GEORG MOSBACHER

Das Weingut Mosbacher ist ohne Zweifel der führende Erzeuger in Forst. Hier zeigt sich exemplarisch der Charakter der Rieslinge aus den weltberühmten Lagen wie dem Forster Ungeheuer mit ihrer eleganten Noblesse bei gleichzeitig deutlicher Terroirprägung. Gleiches könnte man aber auch über die neu gestalteten Empfangs- und Verkostungsräume des Weinguts selbst sagen: Hier wurde im historischen Gutshaus die traditionell-regionale Prägung stilvoll erhalten und mit geschmackvoller moderner Innenarchitektur verbunden. Auf Nachfrage führt man die Gäste des Weinguts auch gerne in den direkt angrenzenden Freundstück-Weinberg. Übrigens: Dieser Betrieb wird von Besuchern oft mit dem ähnlich klingenden Weingut *Mossbacher* am südlichen Ortseingang von Forst verwechselt, hat aber nichts mit diesem gemein.

MEIN TIPP

Durch die Weinprobe führt hier meist die überaus fachkundige Sabine Mosbacher-Düringer. Sie ist nicht nur eine exzellente Kennerin der heimischen Gewächse, sondern ist als Trägerin des angesehenen Diploma des englischen „Wine & Spirit Education Trust" auch eine Expertin für die internationale Weinwelt.

26 WEINGUT GEORG MOSBACHER
Weinstraße 27
67147 Forst
Tel.: 0 63 26/3 29
Fax: 0 63 26/67 74
E-Mail: info@georg-mosbacher.de
Internet: www.georg-mosbacher.de

Preisniveau: gehoben bis Luxus
Anmeldung: nicht erforderlich
Öffnungszeiten: Mo. bis Sa. 8–18 Uhr

27 WEINGUT HEINRICH SPINDLER
Weinstraße 44
67147 Forst
Tel.: 0 63 26/2 80 und 58 50
Fax: 0 63 26/78 77
E-Mail: spindler@netcologne.de
Internet: www.spindler-weine.de

Preisniveau: bürgerlich
Anmeldung: nicht erforderlich
Öffnungszeiten: Mo. bis Sa. 8–18 Uhr

FORST

WEINGUT HEINRICH SPINDLER

Der Gutsausschank des Weinguts Heinrich Spindler in der Ortsmitte von Forst gilt vor allem im Sommer mit seinem schönen Garten als beliebte Gelegenheit zur Einkehr an der Weinstraße. Doch auch das Weingut lohnt den Besuch. Außerhalb der Öffnungszeiten der Gastronomie wird man im Gutshaus in zwei traditionellen, gemütlichen Stuben empfangen, eine davon holzgetäfelt und mit Kachelofen. Bei gutem Wetter bietet sich aber auch eine kleine, romantisch mit Reben umrankte Terrasse vor dem Hauseingang als stimmungsvoller Ort für die Verkostung an. Im Gutsausschank selbst kann man einen Imbiss, ein Mittag- oder Abendessen mit einer Weinprobe verbinden: Für rund zwölf Euro wird ein „Weinkarussell“ mit jeweils acht verschiedenen Weinen angeboten.

MEIN TIPP

An der Weinstraße in Forst gibt es mehrere Weingüter mit diesem Nachnamen. Dadurch kommt es häufig zu Verwechslungen. Achten Sie deshalb auf *Heinrich* Spindler, um Missverständnisse zu vermeiden.

28 WEINGUT LUCASHOF
Wiesenweg 1a
67147 Forst
Tel.: 0 63 26/3 36
Fax: 0 63 26/57 94
E-Mail: weingut@lucashof.de
Internet: www.lucashof.de

Preisniveau: bürgerlich
Anmeldung: nicht erforderlich
Öffnungszeiten: Mo. bis Fr.
8–12 und 13–18 Uhr,
Sa. 8–16 Uhr

FORST

WEINGUT LUCASHOF

Bei der Zufahrt zum Lucashof fühlt man sich unweigerlich an ein toskanisches Landgut erinnert. Im Unterschied zu den meisten Weingütern in Forst befindet sich dieser Betrieb nicht an der mit Kopfstein gepflasterten Weinstraße in der Ortsmitte, sondern von der Umgehungsstraße abzweigend etwas abseits am Ortsrand gelegen. Die frischen Farben von Terracotta und hellem Holz stimmen vortrefflich mit den modernen und doch deutlich vom Terroir geprägten Rieslingen des Lucashofs überein. Auch das angegliederte Gästehaus spiegelt mit seinen freundlichen, hellen Zimmern den einladenden Charakter dieses Gutes wieder.

MEIN TIPP

In den Rieslingen des Lucashofs finde ich stets die feingliedrigste und schlankste Interpretation der berühmten Forster Weinberge. Dieser elegant-rassige Stil mag vielleicht auch daran liegen, dass Christine Lucas, der „gute Geist" des Betriebes, von der Mosel stammt.

Speyer – die Domstadt am Rhein

Wer die Pfalz bereist, sollte unbedingt einen Abstecher nach Speyer einplanen. Wahrzeichen der Stadt ist der Dom, eines der größten romanischen Bauwerke Deutschlands. Mit seinem Bau wurde um 1030 begonnen, Kaiser Konrad II. legte persönlich den Grundstein. Damit begann der Aufstieg der Stadt zu einem der wichtigsten Zentren des Heiligen Römischen Reiches deutscher Nationen, der erst 1689 mit ihrer Zerstörung durch französische Truppen enden sollte. Neun Jahre zogen ins Land, bis mit dem Wiederaufbau begonnen wurde, von dem heute noch zahlreiche barocke Fassaden im Stadtbild künden. Hauptachse der Bischofsstadt ist die Maximilianstraße, die den Dom mit dem Altpörtel verbindet – einem 55 m hohen Stadttor, in dem heute eine Ausstellung zur Stadtbefestigung untergebracht ist. Weitere Sehenswürdigkeiten sind der Judenhof, ein 1128 angelegtes Reinigungsbad, das Historische Museum der Pfalz mit der Domschatzkammer sowie das Geburtshaus des Malers Anselm Feuerbach. Vor allem Kinder und Jugendliche begeistern sich für das Technik Museum Speyer und das Sea Life, eine am Alten Hafen gelegene Unterwasser-Erlebniswelt.

★ **Tourist-Information Speyer, Maximiliansstraße 13, 67346 Speyer**
Tel.: 062 32/14 23 92, www.speyer.de

Das Zentrum von Neustadt mit dem barocken Rathaus und der Stiftskirche

Neustadt und Umgebung

Neustadt ist mit rund 54 000 Einwohnern der größte an der Weinstraße gelegene Ort der Pfalz. Mit seinen 2012 Hektar Rebfläche gilt er außerdem als die zweitgrößte Weinbaugemeinde Deutschlands. Die eigentliche Kernstadt hat zwar mit der historischen Altstadt, der ehemaligen Universität Casimirianum und der durch eine Mauer in einen protestantischen und einen katholischen Teil getrennten Stiftskirche einige interessante Sehenswürdigkeiten zu bieten. Aber für den Weinfreund dürften vor allem die umliegenden Teilgemeinden und Weindörfer von besonderem Interesse sein. Und hier zuerst der noble Vorort Haardt mit seinem pittoresken „Schlösschen" und den repräsentativen Fassaden und Villen.

Während hier noch der städtisch-bürgerliche Glanz zu spüren ist, sind die weinbaulich nicht minder bedeutenden Weindörfer wie Königsbach, Gimmeldingen oder Musbach trotz der Eingemeindung in die kreisfreie Stadt eher ländlich-idyllisch geblieben. Von herausragender Bedeutung für die Geschichte des ganzen Landes ist aber Hambach mit seinem Schloss – einem berühmten Symbol der deutschen Demokratiebewegung.

Neustadt | Herzstück von Neustadt ist der Marktplatz mit der gotischen Stiftskirche, dem barocken Rathaus und dem Scheffelhaus aus dem Jahr 1580. Von hier aus lässt sich die malerische Altstadt mit ihren verwinkelten Gassen bequem zu Fuß erkunden. Wer die Stadt aus der Vogelperspektive kennen lernen will, der besteige den 57 Meter hohen Südturm der Stiftskirche. Ebenfalls sehenswert: das Casimirianum – die ehemalige kurfürstliche Hochschule, das Haus des Weines mit Renaissance-Innenhof und das Stadtmuseum in der Villa Böhm. Freunde historischer Dampfrösser sollten außerdem unbedingt das Eisenbahnmuseum im Pfalzbahn-Lokschuppen besuchen.

Im Stadtmuseum in der Villa Böhm kann man sich auf einen Streifzug durch die Historie von Neustadt begeben.

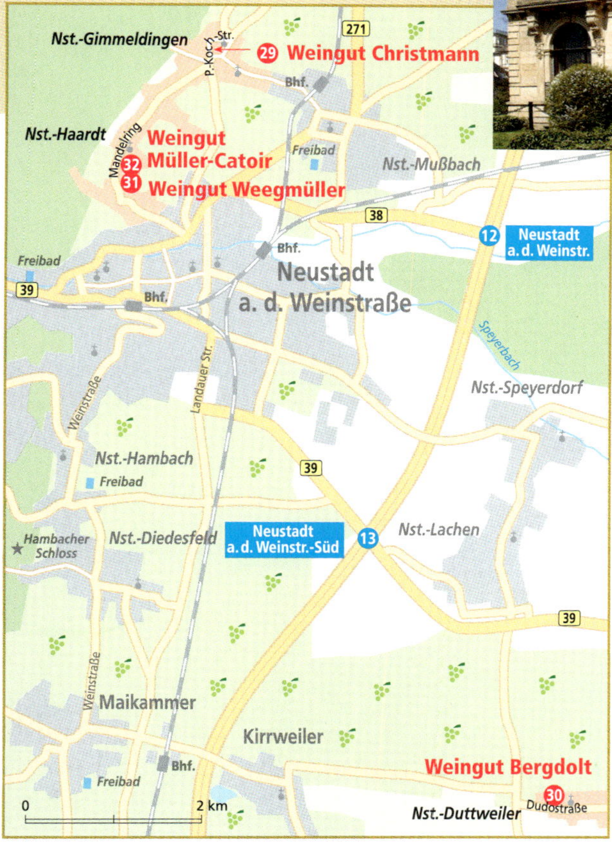

MEIN LIEBLINGSLOKAL-

Netts Restaurant | Seit Daniel und Susanne Nett den ehemaligen „Meerspinnkeller“ im Hause des Spitzenweinguts Christmann übernommen haben, weht ein jugendlicher und freundlicher Geist durch das Gewölbe aus dem Jahre 1575. Weinbar, Lounge-Ecke und zeitgemäße Bistroküche bilden einen interessanten Kontrast zum alten Gemäuer. Die Weinkarte ist ein Who's who der deutschen Spitzenwinzer.

➲ Netts Restaurant
Peter-Koch-Straße 43
67435 Neustadt-Gimmeldingen
Tel.: 0 63 21/6 01 75
www.nettsrestaurant.de

ESSEN & TRINKEN

➲ Weinstube Eselsburg
Kurpfalzstraße 62
67435 Neustadt-Mußbach
Tel.: 0 63 21/6 69 84
www.eselsburg.de
Eine Pflichtadresse für jeden Pfalzreisenden! Urgemütliche Weinstube mit guten Weinen und herzlichen Gastgebern.

➲ Beckers Gut
Weinstraße 507
67434 Neustadt-Diedesfeld
Tel.: 0 63 21/21 95
Ambitioniertes Restaurant mit feiner klassischer Küche im französisch geprägten Stil.

➲ Restaurant Brezel
Rathausstraße 32
67433 Neustadt an der Weinstraße
Tel.: 0 63 21/48 19 71
www.brezel-restaurant.de
Helles, freundliches und zeitgemäßes Ambiente in einem schönen Fachwerkhaus. Gehobene internationale Küche zu fairen Preisen.

ÜBERNACHTEN

➲ Gästehaus Völcker
An der Eselshaut 15
67435 Neustadt-Mußbach
Tel.: 0 63 21/6 60 50
Angenehmes Gästehaus einer Winzerfamilie mit guter Weinstube.

➲ Panorama Hotel am Rosengarten
Mußbacherlandstraße 2
67435 Neustadt an der Weinstraße
Tel: 0 63 21/39 92-0
www.pr-hotel.de
Neu renoviertes Stadthotel mit tollem Blick.

EINKAUFEN

➲ Confiserie Sixt
Hauptstraße 3
67433 Neustadt an der Weinstraße
Tel.: 0 63 21/21 92
www.cafe-confiserie-sixt.de
Seit über 100 Jahren eine erste Adresse für Naschkatzen in der Region.

➲ **La Macchina**
Metzgergasse 13
67433 Neustadt an der Weinstraße
Telefon: 0 63 21/92 90 23
www.la-macchina.de
Alles rund um die Kaffeebohne, auch gute Espressobar.

➲ **Kunst und Antiquitätenhaus Denzinger**
Hauptstraße 63
67433 Neustadt an der Weinstraße
Tel.: 0 63 21/26 34
www.denzinger-pfalz.com
Traditionshaus für antike Möbel, Bilder und Sammlerteppiche.

DAS HAMBACHER SCHLOSS

Weithin sichtbar thront das Hambacher Schloss auf einem 325 m hohen Vorberg des Haardtgebirges bei Neustadt. Seit dem berühmten Hambacher Fest vom 27. Mai 1832 gilt dieser Ort als eine Wiege der deutschen Demokratiebewegung. 30 000 Menschen zogen damals in einer als „Volksfest" ausgegebenen Protestkundgebung zur Hambacher Schlossruine und stellten Forderungen nach Freiheit, Bürgerrechten und nationaler Einheit. Die mitgeführten Fahnen in den Farben Schwarz-Rot-Gold wurden dabei zum Symbol der deutschen Demokratie. Heute erinnert eine Dauerausstellung im Schloss an dieses wichtige Ereignis.
www.hambacher-schloss.de

ENTDECKEN

➲ **Das Kuckucksbähnel/Eisenbahnmuseum Neustadt**
Historische Dampfeisenbahn, verkehrt von Mai bis Oktober jeweils sonntags von Neustadt nach Elmstein. Außerdem sehenswert: das große Eisenbahnmuseum direkt gegenüber dem Bahnhof.
www.eisenbahnmuseum-neustadt.de

➲ **Haardter Schlössel und Burg Winzingen**
Schlossartige Villa aus dem späten 19. Jh. mit öffentlichem Park und Burgruine. Toller Blick auf die Rheinebene.
www.neustadt.pfalz.com

➲ **Holiday-Park Hassloch**
Freizeitpark mit spektakulärer Achterbahn und vielen weiteren Attraktionen.
www.holidaypark.de

BEWEGEN

➲ **Weinlagenweg Neustadt-Haardt**
Spaziergang mit Weinlehrpfad. Start: Parkplatz an der Pergola, Mandelring.
www.neustadt.pfalz.com

➲ **Nordic Walking Neustadt**
Die beiden stadtnahen Nordic-Walking-Zentren im Kaltenbrunner Tal und im Gimmeldinger Tal sind durch zahlreiche Verbindungsstrecken vernetzt. Infos und Pläne unter:
www.neustadt.pfalz.com

➲ **Wanderung „Die Weinspange"**
Leichte Wanderung (14 km) auf historischen Weintransport-Wegen zur Burg Spangenberg (mit Einkehrmöglichkeit). Start: Parkplatz Hambacher Schloss.
www.neustadt.pfalz.com

NEUSTADT-GIMMELDINGEN

WEINGUT A. CHRISTMANN

Der überaus sympathische Steffen Christmann ist eine der jüngeren Leitfiguren an der traditionsreichen Mittelhaardt. Innerhalb nur weniger Jahre hat er es geschafft, sich mit seinen überragenden Weinen aus der Lage Idig in Königsbach an die Spitze des Anbaugebiets, ja sogar ganz Deutschlands zu etablieren. Interessant ist dabei, dass dies einer der ganz wenigen Betriebe der Mittelhaardt ist, der gleichermaßen für Spätburgunder wie auch für Rieslinge berühmt ist. Der Eindruck der hübschen Fassade des Gutshauses in Gimmeldingen setzt sich in einem wunderschönen Innenhof fort, der im Sommer auch vom gutseigenen Restaurant bewirtet wird. Eine Treppe höher werden die Besucher in zwei geschmackvollen Räumen an drei großen Tischen durch das Weinprogramm geführt.

MEIN TIPP

Wer die bei Steffen Christmann gewonnenen Verkostungserfahrungen mit anderen Spitzenweinen vergleichen möchte, der kann dies unmittelbar an der Weinbar im Gutsrestaurant im Kellergewölbe von 1575 tun. Die Weinkarte verzeichnet hier nicht nur alles, was in der Pfalz Rang und Namen hat, sondern darüber hinaus auch repräsentative Weine der besten Erzeuger aller anderen deutschen Regionen.

29 WEINGUT A. CHRISTMANN
Peter-Koch-Straße 43
67435 Neustadt-Gimmeldingen
Tel.: 0 63 21/6 60 39
Fax: 0 63 21/6 87 62
E-Mail: weingut.christmann@t-online.de
Internet: www.weingut-christmann.de

Preisniveau: gehoben bis Luxus
Anmeldung: empfehlenswert
Öffnungszeiten: Mo. bis Fr. 9–11.30 und 14–17 Uhr, Sa. 9–12 Uhr

30 WEINGUT BERGDOLT – SANKT LAMPRECHT
Dudostraße 17
67435 Neustadt-Duttweiler
Tel.: 0 63 27/50 27
Fax: 0 63 27/17 84
E-Mail: weingut-bergdolt-st.lamprecht@t-online.de
Internet: www.weingut-bergdolt.de

Preisniveau: gehoben
Anmeldung: nicht erforderlich
Öffnungszeiten: Mo. bis Fr. 8–12 und 14–18 Uhr, Sa. 10–16 Uhr

NEUSTADT-DUTTWEILER

WEINGUT BERGDOLT – SANKT LAMPRECHT

Bei einem Besuch in diesem Pfälzer Spitzenbetrieb kann man nicht nur einige der feinsten Weißburgunder der Region verkosten, sondern auch viel über die Kirchen- und Landesgeschichte der Pfalz lernen. Denn als das ehemalige Duttweiler Gut des Klosters St. Lamprecht 1754 von der Familie Bergdolt erworben wurde, hatte es bereits eine bewegte Geschichte hinter sich, die sich über verschiedene Besitzer, darunter auch die Universität Heidelberg und die Pfälzer Kurfürsten, hinwegzog. Den Atem dieser klösterlichen Vergangenheit, über die die Familie Bergdolt auf Nachfrage gerne Auskunft gibt, spürt man auch heute noch in der hübschen kleinen Probierstube, in der eine Statue des heiligen Lambertus die Weinfreunde begrüßt.

MEIN TIPP

Neben den bekannt guten Burgunderweinen der Bergdolts ist für mich hier stets auch der Vergleich der Rieslinge aus den Ruppertsberger Lagen mit jenen aus Duttweiler besonders interessant. Hier zeigt sich deutlich, wie sich das Terroir nördlich und südlich von Neustadt unterscheidet.

31 WEINGUT WEEGMÜLLER
Mandelring 23
67433 Neustadt-Haardt
Tel.: 0 63 21/8 37 72
Fax: 0 63 21/48 07 72
E-Mail: weegmueller-weine@t-online.de
Internet: www.weegmueller-weine.de

Preisniveau: bürgerlich
Anmeldung: nicht erforderlich
Öffnungszeiten: Mo. bis Fr. 8–12.30 und 13.30–17 Uhr, Sa. 9–14 Uhr

NEUSTADT-HAARDT

WEINGUT WEEGMÜLLER

Gleich unterhalb des „Haardter Schlössels" gelegen, ist das weithin renommierte Weingut Weegmüller fest in Frauenhand. Während Stefanie Weegmüller als Inhaberin und Kellermeisterin zusammen mit ihrem Mann Richard Scheer, der für die Bewirtschaftung der Weinberge verantwortlich ist, den Betrieb führt, kümmert sich ihre Schwester Gabriele um die Betreuung der Besucher und den Verkauf. Die herzlich-direkte Art der Weegmüller- Schwestern scheint sich in den charaktervollen, selbstbewussten Weinen des Hauses widerzuspiegeln, die man in den großbürgerlich-traditionellen Räumen des Gutshauses verkosten darf. Mit alten Familiengemälden, Antiquitäten und Stuckdecken ausgestattet, fühlt man sich hier wie in einer noblen Privatwohnung des ausgehenden 19. Jahrhunderts empfangen.

MEIN TIPP

Neben dem Riesling pflegt man hier mit besonderer Liebe auch die Scheurebe. Insbesondere die trockene, rassig-fruchtige Variante empfehle ich gerne als Alternative zum Sauvignon blanc.

NEUSTADT-HAARDT

WEINGUT MÜLLER-CATOIR

Schon allein die schlossähnliche Gründerzeitfassade dieses weltberühmten Weinguts lässt den Besucher mit einer gewissen Ehrfurcht eintreten. Über Jahrzehnte hinweg stand dieser Betrieb an der Spitze der Pfalz und mit seinem prachtvollen Gutsgebäude gilt er noch heute als Paradebeispiel für die wohlhabende Haardter Bürgerlichkeit. Zur Verkostung der edlen Tropfen wird man hier gleichermaßen stilvoll in zwei herrschaftliche Räume mit mächtigen Kassettendecken und edlem Parkett geführt, die mit Gemälden der Vorfahren und einem historischen Tafelklavier geschmückt sind. Angesichts des noblen und liebevoll gepflegten Ambientes scheint verständlich, dass man hier den individuellen Weinfreund gerne begrüßt, jedoch vom Empfang ganzer Gruppen eher Abstand nimmt.

MEIN TIPP

Neben den finessenreichen Rieslingen ist der Rieslaner, eine 1921 in der Würzburger Versuchsanstalt aus Silvaner und Riesling gekreuzte Züchtung, für mich hier stets ein ganz besonderer Anreiz, dieses Gut zu besuchen. Gleich ob als trockene Spätlese oder als edelsüße Kreszenz – wohl kein anderes Weingut in Deutschland hat sich für diese Rebsorte einen solch überragenden Ruf erarbeitet.

32 **WEINGUT MÜLLER-CATOIR**
Mandelring 25
67433 Neustadt-Haardt
Tel.: 06321/2815
Fax: 06321/480014
E-Mail: weingut@mueller-catoir.de
Internet: www.mueller-catoir.de

Preisniveau: gehoben
Anmeldung: nicht erforderlich
Öffnungszeiten: Mo. bis Fr. 8–12 und 13–17 Uhr, Sa. nach Vereinbarung

Weinreben und Obstgärten prägen die Landschaft rund um Edenkoben.

Edenkoben und Umgebung

Die Gegend rund um Edenkoben zwischen Neustadt und Landau ist eine beliebte Urlaubsregion, die sich selbst gerne als „Garten Eden der Pfalz“ bezeichnet. Und tatsächlich hat diese von Weinbergen und Wald ebenso wie von Obstgärten und Wiesen geprägte Landschaft einen ganz besonderen Charme, dem sich bereits der bayrische König Ludwig I. nicht entziehen konnte. Als er hier um 1846 das Schloss Villa Ludwigshöhe errichten ließ, soll er darauf verzichtet haben, auch einen Park anlegen zu lassen: „Um mich herum ist Park genug.“ Mit Maikammer im Norden beginnend sind hier viele hübsche Winzerorte wie an einer Perlenschnur aufgereiht und die schönsten unter ihnen, wie das romantische Rhodt oder das malerische Burrweiler, sind besonders im Sommer überaus beliebte Touristenziele.
Doch auch Weinliebhaber kommen auf ihre Kosten. Lange Zeit etwas im Schatten der großen Namen der Pfalz stehend, entwickelte hier eine junge, dynamische Winzergeneration ein neues Selbstbewusstsein. Ihre zahlreichen guten Weine sind mit ihrem teilweise herausragendem Preis-Genuss-Verhältnis auch für budgetbewusste Connaisseurs überaus interessant.

Edenkoben | Der Luftkurort Edenkoben mit seinen knapp 7000 Einwohnern liegt am östlichen Rand des Pfälzerwaldes. Im Jahr 769 erstmals im Kodex des Klosters Lorsch unter dem Namen *Zotingkowe* urkundlich erwähnt, ist es seit 1972 Sitz der neu geschaffenen Verbandsgemeinde. Wahrzeichen der Stadt sind die weithin sichtbaren Türme der St. Ludwigskirche und der Stadtkirche. Weitere touristische Höhepunkte sind das Schloss Villa Ludwigshöhe, von dem aus eine Sesselbahn zur Burgruine Rietburg führt, sowie das Sieges- und Friedensdenkmal mit seinem schönen Ausblick und einer gemütlichen Waldgaststätte. Wissenswertes zu Edenkoben erfährt man im spannenden Museum für Weinbau und Stadtgeschichte.

Vom Sieges- und Friedensdenkmal aus reicht der Blick bei klarem Wetter bis Straßburg.

MEIN LIEBLINGSLOKAL

Weinstube Kirchstübel |
Kuschelige Bilderbuchweinstube, im Sommer auch mit romantischem Garten. Wirtin Sonja Kubinyi ist die Gastfreundschaft in Person. Sie wählt die regionalen Weine mit der gleichen Sorgfalt aus wie die Zutaten für die Küche. Die klassischen Weinstubengerichte werden mit mediterranen Tagesempfehlungen ergänzt. So genießt man hier köstliche Flammkuchen mit Speck ebenso wie Oliven-Ciabatta mit Ziegenkäse.

➲ Weinstube Kirchstübel
Kirchstraße 9
67487 St. Martin
Tel.: 0 63 23/94 91 31
www.kirchstuebel.de

ESSEN & TRINKEN

➲ Restaurant Waldhaus Wilhelm
Kalmithöhenstraße 6
67487 Maikammer
Tel.: 0 63 21/5 80 44
www.waldhaus-wilhelm.de
Idyllisch im Wald oberhalb von Maikammer gelegenes Hotel-Restaurant mit gehobener Küche und schöner Terrasse.

➲ Gasthaus zum Winzer
Weinstraße Süd 8
67487 Maikammer
Tel.: 0 63 21/54 10
www.winzer-maikammer.de
Gepflegtes Restaurant mit guter Küche und angenehmer Atmosphäre. Dazu die ausgezeichneten hauseigenen Gewächse des Weinguts Dengler-Seyler.

➲ Weinstube zur Blume
Ludwigstraße 100
67483 Edesheim
Tel.: 0 63 23/35 84

ÜBERNACHTEN

➲ Landhaus Faubel
Marktstraße 86
67487 Maikammer
Tel.: 0 63 21/50 48
www.landhaus-faubel.de
Liebevoll geführtes, einladendes Weinguts-Hotel mit sehr charmanten Gastgebern.

➲ Hotel Residenz Immenhof
Immengartenstraße 26
67487 Maikammer
Tel.: 0 63 21/95 50
www.hotel-immenhof.de
Ruhig gelegen und mit großem Garten, ein überaus beliebtes Haus in der Region. Mit Schwimmbad und Wellnessbereich.

➲ Hotel Alte Rebschule
Theresienstraße 200
76835 Rhodt unter Rietburg
Tel.: 0 63 23/70 44-0
www.alte-rebschule.de
Ein „Wolhfühl-Hotel" unweit der Villa Ludwigshöhe mit traumhafter Lage in den Weinbergen. Mit Gästeweinproben und Weinverkauf im Haus.

➲ Hotel Schloss Edesheim
Luitpoldstraße 9
67483 Edesheim
Tel.: 0 63 23/94 24-0
www.schloss-edesheim.de
Ein echtes Märchenschloss mit großem Park, zeitgemäß und luxuriös restauriert. Im Sommer Schlossfestspiele auf Seebühne im Park.

EINKAUFEN

➲ Weinessiggut Doktorenhof
Raiffeisenstraße 5
67482 Venningen
Tel.: 0 63 23/55 05
www.doktorenhof.de
Das Hofgut des deutschen „Essigpapstes" Georg Wiedemann bietet vielfältige „saure" Genüsse: vom Aperitif-Essig bis zur Essigpraline.

➲ Pfalznudel
Hauptstraße 43/45
67483 Großfischlingen
Tel.: 0 63 23/57 19
www.pfalznudel.de
Fabrikverkauf eines kleinen Teigwarenfabrikanten. Pasta in allen erdenklichen Formen und Farben.

ENTDECKEN

➲ Stadtmuseum Edenkoben
Umfangreiche Sammlung von der Frühgeschichte bis ins 20. Jh. hinein. Mit großer Abteilung zum Weinbau.
www.museum-edenkoben.de

➲ Rhodt unter Rietburg und St. Martin
Zwei der schönsten Dörfer der Südpfalz mit malerischen Ortskernen und einer reichen Weinbautradition.
www.suedlicheweinstrasse.de

SCHLOSS VILLA LUDWIGSHÖHE

Die ehemalige Sommerresidenz König Ludwigs I. ist das bekannteste Baudenkmal aus der Zeit der bayerischen Herrschaft in der Pfalz. Der antikenbegeisterte Regent, der die Gegend um Edenkoben einmal als die „schönste Quadratmeile seines Königreichs" bezeichnete, ließ die Villa im römischen Stil ab 1846 erbauen. Doch als Ludwig das Schlösschen 1852 das erste Mal bezog, hatte er bereits abdanken müssen. Die original erhaltenen Innenräume mit pompejanischen Malereien und klassizistischem Mobiliar sind zu besichtigen. Im Obergeschoss befindet sich eine hochrangige Sammlung mit Gemälden des Impressionisten Max Slevogt.

www.edenkoben.de

BEWEGEN

➲ Wanderung „Auf König Ludwigs Spuren"
Die 10 km lange Route verbindet die wichtigsten Sehenswürdigkeiten der Region. Zahlreiche Einkehrmöglichkeiten. Start: Schloss Villa Ludwigshöhe. Wegbeschreibung unter:
www.edenkoben.de

➲ Freibad Maikammer
Wiesenstraße 18
67487 Maikammer
Tel.: 0 63 21/55 85

33 WEINGUT ULLRICHSHOF – FAMILIE FAUBEL
Marktstraße 86
67487 Maikammer
Tel.: 0 63 21/50 48
Fax: 0 63 21/5 73 88
E-Mail: info@ullrichshof-faubel.de
Internet: www.ullrichshof-faubel.de

Preisniveau: bürgerlich
Anmeldung: empfehlenswert
Öffnungszeiten: Mo. bis Fr. 8–12 und 13–18 Uhr, Sa. 8–16 Uhr

MAIKAMMER

WEINGUT ULLRICHSHOF – FAMILIE FAUBEL

Von außen mag das alte, denkmalgeschützte Gutshaus des Ullrichshofs eine bürgerlich-stolze Fassade haben, aber in seinen Räumen weht ein Geist von Gastfreundschaft und Freundlichkeit. Dies ist zu einem großen Teil der sehr charmanten Hausherrin Silke Faubel zu verdanken, die jeden Kunden und Besucher des Weinguts als Gast in bestem Sinne des Wortes betrachtet. „Ein Besuch bei uns soll stets wie ein kleines bisschen Urlaub sein", lautet ihr Credo. Deshalb macht es besondere Freude, sich im überaus geschmackvoll eingerichteten neuen Verkostungsraum durch die guten Rieslinge und Burgunder aus der Hand ihres Mannes Gerd Faubel zu probieren. Der gleiche Geist ungezwungener Gastlichkeit umfängt auch die schönen Gästezimmer im angegliederten Landhaus. Eine ideale, überaus angenehme Übernachtungsmöglichkeit für Weintouren in dieser Gegend.

MEIN TIPP

Gäste sollten den über 100 Jahre alten Ginkgo-Baum auf dem Anwesen beachten. Dieser wurde anlässlich der Gründung des Weinguts im Jahr 1904 gepflanzt und erfreut noch immer das Herz von Gartenfreunden.

MAIKAMMER

WEINGUT AUGUST ZIEGLER

Wer die Pfalz nicht nur wegen der Weine und der schönen Landschaft besucht, sondern auch Interesse an der lokalen Kunstszene hat, der sollte nicht versäumen, auch das Weingut Ziegler auf seinen Reiseplan zu setzen. Dem hellen und großzügigen Verkostungsraum ist hier eine Empore angegliedert, die regelmäßig als Galerie für Ausstellungen Pfälzer Künstler genutzt wird. Bei der Verkostung durch das breite Weinsortiment steht in diesem Gut den Besuchern üblicherweise mit Frau Pongratz eine ehemalige Weinfachfrau aus der Spitzengastronomie zur Seite, die überaus kompetent durch die Probe führt. Dabei sollte man auch den raren Syrah-Rotwein nicht vergessen, der hier mit seiner saftig-runden Frucht nicht zu Unrecht der internationalen Schreibweise folgend mit „Shiraz“ benannt ist.

MEIN TIPP

Im Gutshof dieses Betriebs kann man sich anschaulich davon überzeugen, welch bemerkenswertes Alter ein Rebstock erreichen kann. Die an der dortigen Hauswand sich emporrankende Silvaner-Rebe wurde im Jahr 1900 gepflanzt und strotzt noch immer vor Vitalität.

34 WEINGUT AUGUST ZIEGLER
Bahnhofstraße 5
67487 Maikammer
Tel.: 0 63 21/9 57 80
Fax: 0 63 21/95 78 78
E-Mail: info@august-ziegler.de
Internet: www.august-ziegler.de

Preisniveau: bürgerlich bis gehoben
Anmeldung: nicht erforderlich
Öffnungszeiten: Mo. bis Fr. 8–18 Uhr, Sa. 9–15 Uhr

MAIKAMMER

WEIN- UND SEKTGUT IMMENGARTEN HOF

Seit der junge Frank Höhn auf diesem Gut vor ein paar Jahren das Ruder übernommen hat, ist Maikammer um eine weitere besuchenswerte Adresse reicher. Insbesondere Liebhaber kraftvoller, im Barrique gereifter Rotweine sollten hier hin und wieder vorbeischauen. Denn diese Kreszenzen bekommt man an kaum einem anderen Ort zu einem solch verführerischen Verhältnis von hoher Qualität und überraschend günstigem Preis. Ein besonderes Schnäppchen ist dabei meist der im kleinen Eichenfass gereifte Cabernet Dorsa, der schon für deutlich unter 10 Euro zu haben ist. Doch selbst die Flagschiff-Weine des Gutes aus den internationalen Sorten Cabernet und Merlot liegen kaum über dieser Preisschwelle.

MEIN TIPP

Besonders interessant finde ich hier auch den Vergleich der beiden Lemberger-Rotweine: Während der klassisch im großen Fass ausgebaute Wein mit typischer Beerenfrucht als Lemberger bezeichnet wird, trägt die internationale Variante aus dem Barrique die (österreichische) Bezeichnung Blaufränkisch.

35 WEIN- UND SEKTGUT IMMENGARTEN HOF
Marktstraße 62
67487 Maikammer
Tel.: 0 63 21/5 94 00
Fax: 0 63 21/5 74 37
E-Mail: info@immengarten-hof.de
Internet: www.immengarten-hof.de

Preisniveau: günstig
Anmeldung: nicht erforderlich
Öffnungszeiten: Mo. bis Sa. 9–18 Uhr, So. 10.30–12.30 Uhr

36 **WEINGUT CHRISTIAN UND HERBERT HEUSSLER**
Mühlgasse 5
76835 Rhodt unter Rietburg
Tel.: 0 63 23/22 35
Fax: 0 63 23/98 05 33
E-Mail: heussler-wein@t-online.de
Internet: www.heussler-wein.de

Preisniveau: günstig
Anmeldung: nicht erforderlich
Öffnungszeiten: Mo., Mi. bis Fr. 9–12 und 13–18 Uhr, Sa. 10–12 und 13–17 Uhr

RHODT UNTER RIETBURG

WEINGUT CHRISTIAN UND HERBERT HEUSSLER

Von der im Sommer häufig von vielen Touristen bevölkerten Theresienstraße in Rhodt biegt gleich am Anfang die Mühlgasse ab und führt zu einem der großen Geheimtipps der Pfalz hinauf. Seit der junge Christian Heußler hier die Verantwortung für die Weine übernommen hat, gilt diese Adresse als El Dorado für preisbewusste Genießer. Die freundliche und umkomplizierte Familie empfängt in einer kleinen Probierstube und überrascht mit beständig hohem Niveau der Weine bei überaus verlockenden Preisen. Ungewöhnlich ist auch, dass Vater Herbert Heußler nach wie vor zwei Pferde zur Bearbeitung der Weinberge einsetzt. Neben den Weinen werden außerdem bemerkenswerte Brände erzeugt. Hierbei ist vor allem die vergleichende Verkostung der rebsortenreinen Trester äußerst interessant.

MEIN TIPP

Obwohl Rhodt einen Ruf als Gewürztraminer-Gemeinde hat, schmeckt mir bei Christian Heußler stets der rassige, trockene Muskateller besonders gut – ein köstlich erfrischender Aperitif an heißen Tagen!

37 WEINGUT HERBERT MESSMER
Gaisbergstraße 5
76835 Burrweiler
Tel.: 0 63 45/27 70
Fax: 0 63 45/79 17
E-Mail: messmer@weingut-messmer.de
Internet: www.weingut-messmer.de

Preisniveau: gehoben
Anmeldung: empfehlenswert
Öffnungszeiten: Mo. bis Fr. 8–11.30 und 13.30–17 Uhr, Do. nach Vereinbarung auch bis 19 Uhr, Sa. 9–14 Uhr

BURRWEILER

WEINGUT HERBERT MESSMER

Als stattliches, wohlgepflegtes Gut empfängt der Besitz der Familie Meßmer seine Besucher. Während der eine Teil des Anwesens das renommierte Weingut beherbergt, ist der andere als Burrweilerhof bekannt für seine schönen Ferienwohnungen. Wenn man hier durch das Tor in den Innenhof mit der kleinen Terrasse und dem romantischen Brunnen zum Verkostungs- und Empfangsraum schreitet, so fühlt man sich unweigerlich an einen toskanischen Landsitz erinnert. Gute Gründe also, die den Besuch im idyllischen Burrweiler allein schon sehr empfehlenswert machen würden, wäre da nicht auch noch der tolle Blick von hier oben, der an klaren Tagen in drei Himmelsrichtungen bis zu 100 Kilometer weit reicht – und natürlich die feinen Rieslinge und Burgunder aus dem Keller von Gregor Meßmer.

MEIN TIPP

Mein Lieblingswein bei den Meßmers ist immer wieder der Riesling aus der Lage Schäwer. Dies ist die einzige echte Devonschieferlage der Pfalz und sie verleiht den Weinen eine ganz besondere Eleganz und Rasse in der Frucht.

FLEMLINGEN

WEINGUT THEO MINGES

Unprätentiös – es gibt wohl kaum ein besseres Wort, um den Stil des Weinguts von Theo Minges zu beschreiben. In einer Zeit, da Designer-Etiketten ebenso selbstverständlich geworden sind wie schicke Internetauftritte, hebt sich dieses mittlerweile auf stattliche Größe gewachsene Flemlinger Gut wohltuend ab. Das schlichte Etikett, der einfache Probierraum neben dem Wohnzimmer der Familie, weder E-Mail-Adresse noch Homepage – all das passt sehr stimmig zur Weinphilosophie von Theo Minges, der möglichst wenig in den Vinifikationsprozess eingreifen möchte und es am liebsten hat, wenn sich die Weine sozusagen „von selbst“ entwickeln. Sein Credo könnte lauten, dass man die Freude an der Arbeit im Weinberg und im Keller schmecken soll, nicht aber die Arbeit selbst. Ein Besuch bei Theo Minges führt den Gast wieder zurück zu den eigentlichen Wurzeln des Weinbaus.

MEIN TIPP

Einer der bemerkenswertesten Weine ist für mich hier der Cabernet Franc. Dieser „kleine Bruder“ des nobleren Cabernet Sauvignon wird nur selten reinsortig ausgebaut, da er oft ein rustikaleres Rückgrad und eine eher pflanzlich geprägte Frucht aufweist. Bei Theo Minges fasziniert diese Sorte jedoch meist mit balancierter Struktur und saftiger Frucht – für mich der beste reinsortige Rotwein dieser Rebe in Deutschland.

38 WEINGUT THEO MINGES
Bachstraße 11
76835 Flemlingen
Tel.: 0 63 23/9 33 50
Fax: 0 63 23/9 33 51

Preisniveau: bürgerlich bis gehoben
Anmeldung: empfehlenswert
Öffnungszeiten: Mo. bis Sa. 9–18 Uhr

Weinfest unter freiem Himmel in der herrlichen Landschaft um Landau

Landau und Umgebung

Die alte Festungs-, Universitäts- und Gartenstadt Landau ist die Metropole der Südpfalz und gilt mit ihren acht umliegenden Winzerdörfern als die größte Weinbaugemeinde Deutschlands. Mit zahlreichen sehenswerten Gebäuden und ihrer wechselvollen Geschichte ist die Stadt allein schon eine Reise wert. Weinfreunde nutzen sie jedoch meist als Ausgangspunkt zu den weiter westlich gelegenen Weinorten. Wer dort vom Queichtal aus der Weinstraße Richtung Süden folgt, der wird sich dem Eindruck nicht entziehen können, dass hier die Pfalz „elsässisch" zu werden beginnt. Rund um Siebeldingen und dessen Nachbargemeinden Birkweiler und Leinsweiler hat man fast die Impression, sich bereits am Fuße der Vogesen zu befinden. Und tatsächlich hat der alte Name Wasgau für diesen südlichen Abschnitt des Pfälzer Walds dieselbe sprachliche Wurzel im lateinischen *Vosegus* wie das französische Mittelgebirge. In keiner anderen Gegend der Südlichen Weinstraße gibt es eine solche Dichte von Spitzenerzeugern. Die Bodenvielfalt von Bundsandstein über Rotliegendes bis zu Muschelkalk lässt hier Rieslinge und Burgundersorten in bemerkenswerter Qualität gedeihen.

Landau | Über viele Jahrhunderte hinweg prägte Frankreich die Geschichte und das Stadtbild Landaus. Nachdem das Nachbarland 1680 Landau und das Elsass in Besitz genommen hatte, wurde die Stadt vom berühmten Festungsbaumeister Vauban mit gewaltigen Festungsanlagen versehen. Nach einem Brand wurde außerdem das mittelalterliche Stadtbild durch rechtwinklige Bauquadrate und einen neuen Marktplatz ersetzt. Heute wohnen in der sonnenverwöhnten Metropole der Südpfalz rund 42 000 Menschen, die sich an vielen Weinfesten und an einem reichen Kulturleben – so zum Beispiel im Alten Kaufhaus und in der Jugendstil-Festhalle – erfreuen können.

Das Landauer Rathaus wurde 1827 im klassizistischen Stil errichtet.

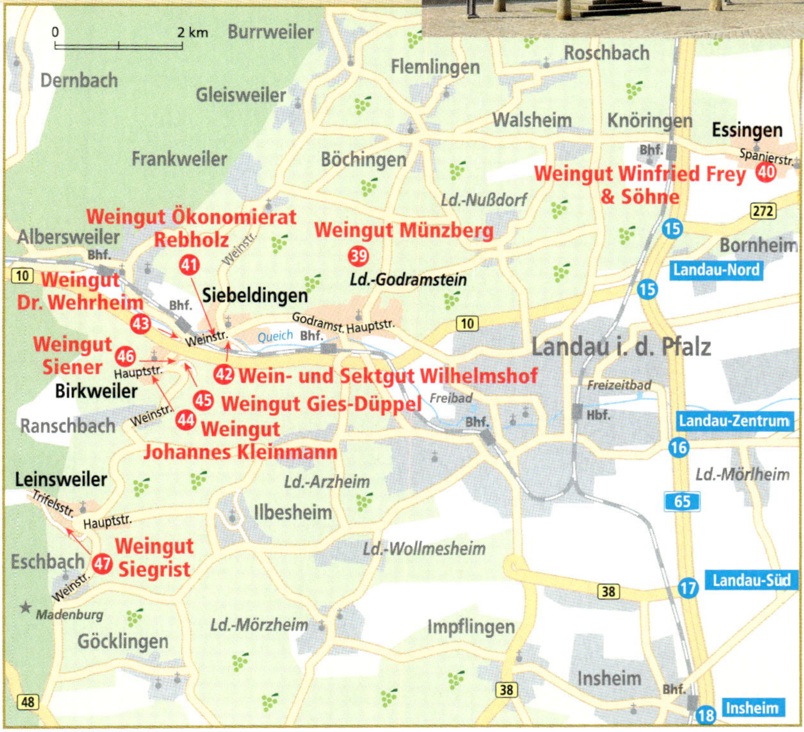

MEIN LIEBLINGSLOKAL

Weinkontor Mörzheim | Die schön restaurierte Scheune birgt ein kulinarisches Kleinod. Zwei junge Gastronomen zaubern in dem kleinen Weindorf eine stilvolle und doch unverkrampfte mediterrane Genusskultur. Im Sommer auf der hübschen Terrasse, im Winter im gemütlichen Gemäuer werden südlich inspirierte Gerichte serviert, bei denen frische Kräuter und gutes Olivenöl eine wichtige Rolle spielen. Aber auch der geschmorte Ochsenschwanz ist eines meiner Lieblingsgerichte.

➲ **Weinkontor Mörzheim**
Mörzheimer Hauptstraße 18
76829 Landau-Mörzheim
Tel.: 0 63 41/94 54 85
www.weinkontor-moerzheim.de

ESSEN & TRINKEN

➲ **Weinbistro Fünf Bäuerlein**
Theaterstraße 2
76829 Landau
Tel.: 0 63 41/2 07 46
Überaus empfehlenswertes Weinbistro der „Fünf Freunde“, einer Gruppe von Südpfälzer Spitzenwinzern. Mit hervorragender Weinkarte.

➲ **Restaurant Beat Lutz**
Bahnhofstraße 28
76829 Landau-Godramstein
Tel.: 0 63 41/6 03 33
www.beatlutz.de
Restaurant mit behaglichem Ambiente und niveauvoller Küche, „gutbürgerlich“ im allerbesten Sinne.

➲ **Weinstube Brand**
Weinstraße 19
76833 Frankweiler
Tel.: 0 63 45/95 94 90
Großer Geheimtipp: Hier zaubert ein früherer Gourmetkoch feinste Weinstubenküche.

➲ **Westphals Kulinarium**
(ehemals: Zum kühlen Krug)
Godramsteiner Hauptstraße 62
76829 Landau–Godramstein
Tel.: 0 63 41/96 84 28
www.wirtshauszumkuehlenkrug.de

ÜBERNACHTEN

➲ **Landgasthof Sonnenhof**
Mühlweg 2
76833 Siebeldingen
Tel.: 0 63 45/33 11
www.soho-siebeldingen.de
Schönes altes Ziegelsteingebäude mit zeitgemäß-behaglichen Zimmern, lauschiger Terrasse und sehr guter Küche.

➲ **Hotel Leinsweiler Hof**
An der südlichen Weinstraße
76829 Leinsweiler
Tel.: 0 63 45/4 09-0
www.leinsweilerhof.de
Komfortables, renommiertes Hotel in stattlichem Hofgut mitten in den

Weinbergen an der Weinstraße zwischen Leinsweiler und Eschbach.

➲ Hotel Villa Königsgarten
Bismarckstraße 1
76833 Siebeldingen
Tel.: 0 63 45/51 29
www.villa-koenigsgarten.com
Stilvolles kleines Hotel in einem um die Jahrhundertwende erbauten Herrschaftshaus.

➲ Hotel Castell
Hauptstraße 32
76829 Leinsweiler
Tel.: 0 63 45/70 03
www.hotel-castell-leinsweiler.de

EINKAUFEN

➲ Metzgerei Gütermann
Godramsteiner Hauptstraße 118
76829 Landau-Godramstein
Tel.: 0 63 41/6 33 09
Mehrfacher Gewinner des „Internationalen Saumagen-Wettbewerbs".

ENTDECKEN

➲ Frank-Loebsches-Haus Landau
Prächtiger Innenhof mit rundum laufender Holzgalerie. Ausstellung zur Geschichte der Landauer Juden sowie wechselnde Kunstausstellungen.

➲ Leinsweiler
Schönes Weindorf mit einer Reihe von Sehenswürdigkeiten: Slevogthof, Burgruine Neukastel, historisches Rathaus.
www.leinsweiler.de

➲ Burgruine Madenburg
Eine der größten Burganlagen der Pfalz oberhalb von Eschbach gelegen.
www.eschbachpfalz.de

SIEBELDINGEN UND DER GEILWEILERHOF

An einem der reizvollsten Abschnitte der Weinstraße gelegen, kann das Winzerdorf Siebeldingen mit hervorragenden Weingütern aufwarten. Neben vielen liebevoll restaurierten Fachwerkhäusern und einer 1309 erbauten Simultankirche lohnt ein Besuch aber auch wegen des Geilweilerhofs. Dieser ehemalige Gutshof des Zisterzienserklosters Eußenthal ist seit 1925 Sitz des Instituts für Rebenforschung. Über die Arbeit des Instituts, das sich vor allem der Züchtung neuer schädlingsresistenter Rebsorten widmet, informiert ein interessanter Rebenlehrpfad.

BEWEGEN

➲ Nordic Walking Leinsweiler-Eschbach
Startpunkte in Leinsweiler und Eschbach. Karte und Höhenprofile unter:
www.leinsweiler.de

➲ Golfanlage Dreihof
76879 Essingen
Tel.: 0 63 48/6 15 02 37
www.golfclub-dreihof.de

LANDAU-GODRAMSTEIN

WEINGUT MÜNZBERG

Etwas außerhalb von Godramstein biegt man an der Straße nach Böchingen zum 1974 errichteten Hof der Familie Kessler ab. Schon bei der Einfahrt meint man zu spüren, wie die Architektur und das Ambiente auf wundersame Weise zum Charakter der hochwertigen Weißburgunder passen, die hier die wichtigste Weinsorte bilden. Alles ist in feste Mauern gefügt und hat doch Eleganz, alles ist hell und licht und erscheint doch mit einer gewissen cremigen Weichheit gezeichnet. Die verbindliche, ehrliche Art der Kessler-Brüder entspricht schließlich ganz diesem Stil. Ein Besuch im Weingut Münzberg zeigt, wie man sich zeitgemäßes Pfälzer Landleben und eine sinnenfrohe und unbeschwerte Genusskultur mit regionalen Weinen von internationalem Format vorstellen darf.

MEIN TIPP

Neben den Weinen aus Burgundersorten gelten auch die Obstbrände als besondere Spezialität des Gutes. Mein Favorit ist dabei der Mirabellenbrand, für den die Früchte von den Bäumen rund um den Gutshof stammen. Unbedingt probieren!

39 WEINGUT MÜNZBERG
Hofgut Münzberg
76829 Landau-Godramstein
Tel.: 0 63 41/6 09 35
Fax: 0 63 41/6 42 10
E-Mail: wein@weingut-muenzberg.de
Internet: www.weingut-muenzberg.de

Preisniveau: gehoben
Anmeldung: empfehlenswert
Öffnungszeiten: Mo. bis Fr. 8–12 und 14–18 Uhr, Sa. 9–16 Uhr

40 **WEINGUT WINFRIED FREY & SÖHNE**
Spanierstraße 9
76831 Essingen
Tel.: 0 63 47/82 24
Fax: 0 63 47/72 90
E-Mail: info@weingut-frey.com
Internet: www.weingut-frey.com

Preisniveau: gehoben bis Luxus
Anmeldung: erforderlich
Öffnungszeiten: nur nach Vereinbarung

ESSINGEN

WEINGUT WINFRIED FREY & SÖHNE

Das Weingut Frey gilt in Kreisen deutscher Sommeliers als ganz besonderer Tipp. Denn in diesem fast ausschließlich auf edelsüße Kreszenzen spezialisierten Betrieb werden hervorragende Beerenauslesen, Trockenbeerenauslesen und Eisweine zu sehr bodenständigen Preisen angeboten. So ist es also nicht verwunderlich, dass in vielen Sternerestaurants von Sylt bis Baiersbronn die Weine der Familie Frey oft auch im glasweisen Ausschank angeboten werden. Man legt hier großen Wert darauf, dass die Weine nicht nur über Konzentration und seidige Süße verfügen, sondern auch durch frische Frucht und rassige Säure in Balance gehalten werden. Als Ergebnis dieses Strebens werden die Freys regelmäßig mit Preismünzen und Auszeichnungen geradezu überschüttet. Weinliebhaber mit einem „süßen Zahn" sollten also den rustikalen Probierraum in Essingen mit seinen alten Fassdauben und dem Kachelofen zu einer Pflichtadresse in der Pfalz machen.

MEIN TIPP

Es lohnt sich, hier stets kurz nach der Abfüllung des neuen Jahrgangs im Frühsommer vorbeizuschauen. Wenn die Weine erst einmal mit internationalen Auszeichnungen und Preismünzen geschmückt sind, wird's teurer.

41 WEINGUT
ÖKONOMIERAT REBHOLZ
Weinstraße 54
76833 Siebeldingen
Tel.: 0 63 45/34 39
Fax: 0 63 45/79 54
E-Mail: wein@oekonomierat-rebholz.de
Internet: www.oekonomierat-rebholz.de

Preisniveau: gehoben bis Luxus
Anmeldung: empfehlenswert, bei Gruppen ab 5 Personen erforderlich
Öffnungszeiten: Mo. bis Fr. 9–12 und 14–17 Uhr, Sa. 9–15 Uhr

SIEBELDINGEN

WEINGUT ÖKONOMIERAT REBHOLZ

Hansjörg Rebholz gilt für viele Kenner als der „Superstar" der Pfalz. Ein Prädikat, das angesichts der überragenden Weinqualität zwar verständlich ist, aber dennoch so ganz nicht passen mag. Denn Starallüren sind der sympathischen Siebeldinger Winzerfamilie fremd. Und so braucht auch niemand Schwellenangst vor diesem führenden Betrieb der Pfalz zu haben. Ganz im Gegenteil: Trotz des Ruhms führen Hansjörg Rebholz und seine charmante Frau ein ganz „normales" Weingut. Warum nun aber der Betrieb einen solch hohen Ruf genießt, wird schnell klar, wenn man sich in der mit alten Bücherschränken dekorierten Probierstube durch das Sortiment verkostet: Es gibt hier eigentlich keine Stärken oder Schwächen, vielmehr sind alle Weinarten, von den Roten über die Rieslinge, die Burgunder, die aromatischen Sorten bis hin zu den edelsüßen Weinen, gleichermaßen hervorragend.

MEIN TIPP

Achten Sie auf den kleinen Fluss, die Queich, auf der Rückseite des Weinguts. Bis zum zweiten Pariser Frieden vom November 1815 galt er als nördliche Grenze des Elsass. Der heutige Gutshof stand damals also nicht auf Pfälzer, sondern auf französischer Seite.

SIEBELDINGEN

WEIN- UND SEKTGUT WILHELMSHOF

Zwar gibt es auch so manchen guten Stillwein auf dem Wilhelmshof, aber bei vielen Kennern ist das Weingut der Familie Roth vor allem wegen der herausragenden Sekte ein lohnendes Ziel. Insbesondere der überaus probierenswerte, aus Spätburgunder gekelterte Blanc de Noirs hat viele Anhänger und kann durchaus mit der Qualität eines guten Champagners verglichen werden. Bemerkenswert ist aber auch die seit vielen Jahren im Sommer auf dem Weingut in der Ortsmitte von Siebeldingen veranstaltete Kunstwoche, bei der Maler, Bildhauer und Goldschmiede ihre Arbeiten ausstellen und die mit Degustationen und Konzerten abgerundet wird.

MEIN TIPP

Jeweils samstags um 10 Uhr findet im Wilhelmshof eine sehr informative Führung durch den Sektkeller des Hauses statt, bei der alle Schritte der traditionellen Schaumweinherstellung von der Cuvée-Bereitung über das Rütteln bis zum Degorgieren anschaulich erläutert werden (Anmeldung erforderlich).

(42) WEIN- UND SEKTGUT WILHELMSHOF
Queichstraße 1
76833 Siebeldingen
Tel.: 0 63 45/91 91 47
Fax: 0 63 45/91 91 48
E-Mail: mail@wilhelmshof.de
Internet: www.wilhelmshof.de

Preisniveau: bürgerlich bis gehoben
Anmeldung: empfehlenswert
Öffnungszeiten: Mo. bis Fr. 8–12 und 13–18 Uhr, Sa. 9–17 Uhr

BIRKWEILER

WEINGUT DR. WEHRHEIM

Es gibt gleich mehrere gute Gründe, warum der Besuch im Weingut Wehrheim stets ein besonderes Erlebnis ist. Allem voran sind es natürlich die herausragenden Riesling- und Burgunderweine, die die Gourmets hierher pilgern lassen. Interessant ist dabei, dass Karl-Heinz Wehrheim nur noch die „Großen Gewächse" und die edelsüßen Spezialitäten mit der Lagenbezeichnung versieht, während alle anderen Weine statt der Lage den jeweiligen Boden, also Muschelkalk, Keuper oder Bundsandstein auf dem Etikett tragen. Doch auch Kenner der Pfälzer Architekturgeschichte kommen hier auf ihre Kosten. Der stattliche Bau des Weinguts wurde 1902 vom bekannten Architekten Arndt Hartung errichtet, auf dessen Entwürfe auch viele bekannte Gebäude im nahen Landau zurückgehen. Doch nicht zuletzt ist es die Familie Wehrheim selbst, die mit ihrer gastlichen und freundlichen Art dafür sorgt, dass man den Besuch hier stets in guter Erinnerung behält.

MEIN TIPP

Liebhaber von Reh- oder Hirschfleisch sollten bei ihrem Besuch während der Wildsaison unbedingt nachfragen, ob das Jagdglück den Herren des Hauses hold war. Denn die Familie hat eine eigene Jagd im nahen Pfälzer Wald und verkauft auch gerne das eine oder andere Stück an die Weinkundschaft.

43 **WEINGUT DR. WEHRHEIM**
Weinstraße 8
76831 Birkweiler
Tel.: 0 63 45/35 42
Fax: 0 63 45/38 69
E-Mail: dr-wehrheim@t-online.de
Internet: www.weingut-wehrheim.de

Preisniveau: gehoben
Anmeldung: nicht erforderlich
Öffnungszeiten: Mo. bis Fr. 9–12 und 14–18 Uhr, Sa. 10–16 Uhr

44 WEINGUT ÖKONOMIERAT JOHANNES KLEINMANN
Hauptstraße 5
76831 Birkweiler
Tel.: 0 63 45/35 47
Fax: 0 63 45/77 77
E-Mail: info@weingut-kleinmann.de
Internet: www.weingut-kleinmann.de

Preisniveau: bürgerlich
Anmeldung: empfehlenswert
Öffnungszeiten: Mo. bis Fr. 9–12 und 14–18 Uhr, Sa. 10–16 Uhr

BIRKWEILER

WEINGUT ÖKONOMIERAT JOHANNES KLEINMANN

Die Philosophie des Weinguts Kleinmann spiegelt sich unverkennbar in der Innenarchitektur des neu und äußerst geschmackvoll gestalteten Verkostungsraum wider. Und auch wenn im Sommer die Nischen des mit Lorbeer- und Olivenbüschen geschmückten Innenhofs zur Weinprobe einladen, sollte man es dennoch nicht versäumen, diese Räumlichkeiten zu besichtigen – eine selbstbewusste, aber keinesfalls aufdringliche Modernität in rund 300 Jahre alten Mauern. Ganz so versteht auch der Winzer selbst hier sein Tun: Aus der Geschichte erwachsen und doch mit freiem, offenem Geist. Da passt es nur zu gut, dass viele Kunden nicht alleine wegen der erstklassigen Burgunderweine gerne herkommen, sondern auch wegen der herzlichen Betreuung durch das junge Winzerpaar: Edith, die meist die Gäste durch die Probe führt, und Mathias Kleinmann, der stets mit einem Lächeln im Gesicht als einer der sympathischsten Winzer der Region gelten darf.

MEIN TIPP

Rund um Landau wachsen einige herausragende Weißburgunder-Weine und auch die von Mathias Kleinmann bilden da keine Ausnahme. Dennoch sind meine Lieblingsweine hier meist die Grauburgunder, die mit ihrer subtilen Balance von Kraft und Frische zu den besten Gewächsen dieser Sorte in der Pfalz zählen.

45 WEINGUT GIES-DÜPPEL
Am Rosenberg 5
76831 Birkweiler
Tel.: 0 63 45/91 91 56
Fax: 0 63 45/91 91 57
E-Mail: weingutgies@aol.com

Preisniveau: bürgerlich
Anmeldung: erforderlich
Öffnungszeiten: Mo. bis Fr. 9–12 und 14–18 Uhr, Sa. 10–18 Uhr

BIRKWEILER

WEINGUT GIES-DÜPPEL

Obwohl Volker Gies erst vor ein paar Jahren den elterlichen Betrieb übernommen hat, gilt er bereits als eines der ganz großen Talente in dieser Region und insbesondere mit seinen Rieslingen hat er schnell für Furore gesorgt. Doch mittlerweile sind auch die Burgunder überaus bemerkenswert, wobei vor allem der „einfache“ Spätburgunder ein ganz besonderes Schnäppchen ist. Wer einen der vielleicht zukünftigen Stars der Region schon jetzt kennen lernen will, der sollte bald einmal im mit einem wunderschönen Blick oberhalb von Birkweiler gelegenen Gut von Volker Gies vorbeischauen.

MEIN TIPP

Von der Terrasse des Weinguts aus hat man den besten Blick auf die Birkweiler Spitzenlagen Kastanienbusch und Mandelberg. Volker Gies erklärt seinen Gästen von hier aus auch gerne die unterschiedliche Geologie und Topographie dieser Weinberge.

BIRKWEILER

WEINGUT SIENER

„Weine mit Bodenhaftung", so lautet das Motto, das sich das Birkweiler Gut Siener selbst gegeben hat. Doch man könnte genauso gut „Menschen mit Bodenhaftung" sagen. Bei den Sieners ist es die selbstverständlichste Sache der Welt, dass man Kunden und Besucher wie gute Bekannte empfängt und zur Verkostung des Weinsortiments an den heimischen Küchentisch bittet. Dabei kann man dann erfreut feststellen, dass sich diese natürliche Ungezwungenheit der Winzerfamilie mit einem bemerkenswerten Qualitätstreben verbindet. Doch auch wer gar nicht zur Weinprobe kommt, sondern nur auf der Durchreise an diesem direkt an der Weinstraße gelegenen Gut vorbeikommt, sollte einen kurzen Halt einplanen. Im Garten vor dem Haus ist in den Sommermonaten ein kleiner Weinpavillon geöffnet, an dem man sich mit einem Flammkuchen und einem Schluck Riesling als Reise-Imbiss stärken kann.

MEIN TIPP

Peter Siener lässt alle seine Rieslinge „spontan", also ohne Reinzuchthefen, nur unter Verwendung der natürlichen Hefen vergären. Solche Weine sind in der Jugend oft etwas schwieriger zu verkosten, mit gewisser Reife können sie aber zu großer Komplexität aufblühen.

46 **WEINGUT SIENER**
Weinstraße 31
76831 Birkweiler
Tel.: 0 63 45/35 39
Fax: 0 63 45/91 91 00
E-Mail: info@weingutsiener.de
Internet: www.weingutsiener.de

Preisniveau: bürgerlich
Anmeldung: empfehlenswert
Öffnungszeiten: Mo. bis Sa. 8–12 und 13–18 Uhr

LEINSWEILER

WEINGUT SIEGRIST

Wenn man heute den gepflegten Weinbaubetrieb von Thomas Siegrist mit dem modernen Kelterhaus am Ortsrand von Leinsweiler besucht, so kann man nur erahnen, was er als einer der Pioniere des Qualitätsweinbaus in der Südpfalz seit der Übernahme des ehemaligen landwirtschaftlichen Gemischtbetriebs an Arbeit, Ausdauer und Energie in sein Lebenswerk gesteckt hat. Noch heute, da das Weingut längst zu den etablierten Spitzenerzeugern der Region zählt, spürt man diesen Aufbruchsgeist und es ist wohltuend, dass man ihn auch in den Weinen, allen voran den sehr guten Spätburgundern und Chardonnays aus dem Barrique erschmecken kann. So kündet jedes Schlückchen dieser Weine von dem über drei Jahrzehnte dauernden Streben nach Qualität und es ist ein besonderes Erlebnis, wenn auch Thomas Siegrist selbst von diesem Weg rückschauend berichtet.

MEIN TIPP

Mein Lieblingswein ist hier meist der Chardonnay „sur lie". Diese Bezeichnung bedeutet, dass der Wein bis zur Abfüllung mit der Feinhefe im Fass reift – teilweise bis zu 16 Monate lang. Die Idee hierzu kam Thomas Siegrist beim Besuch des Kultweinguts Comte Lafond in Burgund, dessen Weine dem Pfälzer Winzer unvergesslich blieben.

47 WEINGUT SIEGRIST
Am Hasensprung 4
76829 Leinsweiler
Tel.: 0 63 45/13 09
Fax: 0 63 45/75 42
E-Mail: wein@weingut-siegrist.de
Internet: www.weingut-siegrist.de

Preisniveau: gehoben bis Luxus
Anmeldung: nicht erforderlich
Öffnungszeiten: Mo. bis Fr. 8–12 und 13.30–18 Uhr, Sa. 9–16 Uhr

Der Pfälzerwald

Der oft nur wenige hundert Meter westlich von der Deutschen Weinstraße beginnende Pfälzerwald ist eines der größten geschlossenen Waldgebiete Mitteleuropas. Bereits im Jahr 1958 wurde hier ein Naturpark gegründet, der heute mit einer Größe von 179 000 Hektar zu den größten seiner Art im Bundesgebiet zählt. 1992 wurde der Naturpark Pfälzerwald dann als Biosphärenreservat von der UNESCO anerkannt und genießt seither den besonderen Schutz des Landschaftsraums und der biologischen Vielfalt. In der Region sind zahlreiche bedrohte Tierarten wie Eisvogel, Luchs, Wildkatze und Baummarder beheimatet.

Das überwiegend mit Laubhölzern bewachsene Mittelgebirge wird im Süden vom Queichtal, in der Mitte vom Hochspeyerbachtal und im Norden vom Isenachtal eingeschnitten. Mit seinen vielen Seitentälern und kleinen Zuflüssen sowie den rund ein Dutzend Waldbadeseen bildet es eine abwechslungsreiche, malerische Landschaft, die bei Wanderern ebenso beliebt ist wie bei Mountainbikern.

Für Ausflüge besonders interessant sind die vielen alten Burgen und Ruinen des Pfälzerwalds. Zu den bekanntesten Bauten zählen hierbei die Burgen Trifels, Anebos und Scharfenberg, die als die so genannte Burgendreifaltigkeit zusammengefasst werden. Beliebte Ziele sind auch die teilweise bizarren, bis zu 20 Meter hohen Sandstein-Felsgebilde wie der berühmte „Teufelstisch". Besonders das Dahner Felsenland im Süden der Region ist für diese durch Erosion entstandenen Formationen bekannt.

In Fischbach findet man mit dem Biosphärenhaus ein überaus besuchenswertes Informationszentrum für das grenzüberschreitende Biosphärenreservat Pfälzerwald/Nordvogesen mit interessanten Angeboten, wie zum Beispiel dem Baumwipfelpfad, der in bis zu 35 Metern Höhe einen Spaziergang durch die Baumkronen ermöglicht, einem zwei Kilometer langen Biosphären-Erlebnis-Weg oder die Gelegenheit zur Teilnahme an Outdoor-Survival-Kursen.

★ **Biosphärenhaus Pfälzerwald/Nordvogesen, Am Königsbruch 1, 66996 Fischbach bei Dahn, Tel.: 0 63 93/9 21 00, www.biosphaerenhaus.de**

Das vierflügelige Schloss ist das Wahrzeichen von Bad Bergzabern.

Bad Bergzabern und Umgebung

Das kleine, romantische Kurstädtchen Bad Bergzabern ist mit seinem aus der Petronella-Quelle entspringenden Thermalwasser, seinem Heilklima und seinen hübschen Gassen und alten Häusern ein angenehmes Refugium für Leib und Seele. Doch es sind die Burgunderweine, die diese Region für Genießer so überaus interessant machen.

Neben dem unterhalb der markanten Burg Landeck gelegenen Klingenmünster im Norden ist es vor allem der Doppelort Schweigen-Rechtenbach ganz im Süden, der hier einen guten Ruf genießt. Nur wenige Meter von der Grenze zum französischen Wissembourg entfernt steht hier am südlichen Ende der Deutschen Weinstraße das im Dritten Reich errichtete, 18 Meter hohe Deutsche Weintor, das nach wie vor ein beliebtes Ziel des Bustourismus ist und zu dem auch eine Gaststätte und ein Weinlehrpfad gehört. Weinkenner biegen hier jedoch direkt in den Ort Schweigen ab, der mit schöner Regelmäßigkeit einige der feinsten Spätburgunder-Rotweine Deutschlands hervorbringt, für die die mergeligen Löss-, Ton- und Kalkböden der Region wie geschaffen sind.

Bad Bergzabern | Ob bei einem „Pfälzischen Winzerbad“ in Traubentrester oder beim klassischen Wassertreten nach den Lehren des Priesterarztes Sebastian Kneipp – dem Entspannung oder Heilung suchenden Gast stehen in Bad Bergzabern viele Möglichkeiten offen. Insbesondere die 2006 neu eröffnete Therme mit ihrem knapp 23 Grad warmen Heilwasser dürfte rasch viele Freunde finden. Doch auch abseits des Kurbetriebs kann das hübsche Städtchen mit vielen Sehenswürdigkeiten aufwarten wie beispielsweise dem markanten Schloss der Zweibrücker Herzöge, dem Gasthaus Zum Engel mit dem Stadtmuseum und dem barocken Marktplatz.

Eines der schönsten Renaissancegebäude der Pfalz: das Gasthaus Zum Engel

MEIN LIEBLINGSLOKAL

Weinstube Jülg | Ein ländliches Gasthaus wie aus dem Bilderbuch: Bodenständig, ehrlich, solide und weit davon entfernt, sich von seiner regionalen Verwurzelung auch nur im geringsten zu entfernen. Leberknödel, Schinken, Würste und viele andere Speisen stammen aus eigener Herstellung, allein schon die Bratkartoffeln können ein Gedicht sein. Dazu die sehr guten hauseigenen Weine. Im Sommer wird in einem traumhaften Gutshof serviert.

➲ Weinstube Jülg
Hauptstraße 1
76889 Schweigen
Tel.: 0 63 42/91 90 90
www.weingut-juelg.de

ESSEN & TRINKEN

X **➲ Reuters Holzappel**
Hauptstraße 11
76889 Pleisweiler-Oberhofen
Tel.: 0 63 43/42 45
www.reuters-holzappel.de
Beliebtes, urgemütliches Gasthaus in altem Winzerhof mit vielfältiger Küche vom Flammkuchen bis zum Seeteufel. Gute Auswahl regionaler Weine.

➲ Hostellerie au Cygne
Rue du Sel 3
67160 Wissembourg (Frankreich)
Tel.: 00 33/(0)3 88 94 00 16
Klassisches Restaurant mit traditionell bürgerlicher Hochküche und französischer Weinkarte, die auch einige Pfälzer listet. Angeschlossen ist ein Hotel mit hübschen, individuellen Zimmern.

➲ Restaurant au Moulin de la Walk
Rue de la Walk 2
67160 Wissembourg (Frankreich)
Tel.: 00 33/(0)3 88 94 06 44
www.moulin-walk.com
Hübsch bei einer Mühle gelegen mit guter Küche und ordentlicher Weinkarte, auf der auch einige internationale Rosinen zu finden sind.

➲ Weinstube Zum Alten Zollberg
Hauptstraße 49
76889 Schweigen
Tel.: 0 63 42/7 0 46
www.alter-zollberg.de
Einfache hauseigene Weine, aber mit gutem Flammkuchen und Terrasse mit weitem Blick ins Elsass.

➲ Restaurant de l'Ange
Rue de la République 2
67160 Wissembourg (Frankreich)
Tel.: 00 33/(0)3 88 94 12 11

ÜBERNACHTEN

➲ Landhaus Müller
Hauptstraße 32
76889 Schweigen
Tel.: 0 63 42/78 23
www.landhaus-mueller-schweigen.de
Familiär geführtes, winziges Hotel mit viel Charme. Das Frühstück wird in der rustikalen Bauernküche serviert.

➲ Landhaus Wilker
Hauptstraße 31
76889 Pleisweiler-Oberhofen
Tel.: 0 63 43/70 07 00
www.wilker.de

EINKAUFEN

➲ Maître Pâtissier Rebert
Place du Marché aux Choux 7
67160 Wissembourg (Frankreich)
Tel.: 00 33/(0)3 88 94 01 66
Einer der besten Konditoren im Nordelsass. Berühmt für köstliche Pralinen, Tartes und Eiscremes.

➲ Herxheimer Zigarren und Zigarillos
Büro für Tourismus
Obere Hauptstraße 2
76863 Herxheim
Tel.: 0 72 76/50 11 07
Im Rathaus der Tabakgemeinde Herxheim kann man Zigarren und Zigarillos aus eigener Ernte kaufen.

ENTDECKEN

➲ Stadtmuseum Bad Bergzabern
Königsstraße 45
76887 Bad Bergzabern
Tel.: 06343/70114
Sammlung zur Stadtgeschichte im Renaissancehaus Zum Engel.
www.bad-bergzabern.de

➲ Westwallmuseum
Kurfürstenstraße
76882 Bad Bergzabern
Schau zur Baugeschichte des von 1938 bis 1940 errichteten Verteidigungssystems mit Original-Bunkereinrichtung. Öffnungszeiten siehe Internet.
www.westwall.page.cx

BURG LANDECK UND KLINGENMÜNSTER

Ob zu Fuß oder mit dem Auto, Burg Landeck mit ihrem 23 m hohen, weithin sichtbaren Bergfried ist ein beliebtes Ausflugsziel der Südpfalz. Und dies zurecht, denn zum einen hat man von hier einen wunderbaren Blick auf die Rheinebene, zum anderen ist die Festung Ausgangspunkt vieler Wanderwege. Ende des 12. Jhdts. erbaut, blieb sie nach ihrer Zerstörung durch die Franzosen im Jahr 1689 lange dem Verfall überlassen. Heute beherbergt sie ein kleines Museum und eine Burgschänke. Im unterhalb der Ruine gelegenen Weinort Klingenmünster lohnt die ehemalige Benediktinerabtei einen Besuch.
www.burglandeck-pfalz.de

BEWEGEN

➲ Staatsbad Bad Bergzabern
Kurtalstraße 27
76882 Bad Bergzabern
Tel.: 0 63 43/93 40 10
www.suedpfalz-therme.de

➲ Wanderung „Um den Treitelsberg“
6,5 km langer Rundweg zum Martinsturm. Start: Parkplatz Burg Landeck.
www.deutsche-wein-strasse.de

(49) **STIFTSWEINGUT**
FRANK MEYER
Weinstraße 37
76889 Klingenmünster
Tel.: 0 63 49/74 46
Fax: 0 63 49/57 52
E-Mail: stiftsweingut-meyer@ t-online.de

Preisniveau: bürgerlich
Anmeldung: erforderlich, außer Sa.
Öffnungszeiten: Mo. bis Fr. nach Vereinbarung, Sa. 10–17 Uhr

KLINGENMÜNSTER

STIFTSWEINGUT FRANK MEYER

Das unauffällige Barockgebäude direkt an der Weinstraße im Zentrum von Klingenmünster beherbergt zwei geschmackvoll renovierte, helle und einladende Verkostungsräume: der eine geschmückt mit freigelegter Steinmauer und Klavier, der andere mit einem antiken gusseisernen Ofen. Die eigentliche Produktion findet jedoch nach wie vor im alten Keller im Westflügel des ehemaligen Benediktinerklosters statt, was auch den Namen des Weinguts erklärt. Auch im Namen der besten Lage des Guts, der Maria Magdalena, findet das klerikale Erbe seinen Widerhall. Neben den in der Region üblichen Rieslingen und Burgundersorten wird im Weingut Meyer auch die oft verschmähte Portugieser-Rebe als besondere Spezialität mit viel Sorgfalt gepflegt.

MEIN TIPP

Ich komme auch wegen der guten Rosé-Weine immer wieder gerne hierher. Während der hell gekelterte Spätburgunder Weißherbst meist der schlankste ist, gilt der Spätburgunder Rosé als der fruchtigste und der Portugieser Rosé mit seinem feinherben Brombeer-Aroma als der vielleicht charaktervollste.

SCHWEIGEN-RECHTENBACH
WEINGUT JÜLG

Im Gespräch mit Werner Jülg gewinnt man sehr schnell den Eindruck, dass dieser Winzer alles, was er tut, sehr gewissenhaft und bewusst ausführt. Dies gilt für die Bereitung seiner guten Burgunderweine ebenso wie für den Betrieb seines überaus empfehlenswerten Gasthauses. Während man bei den Weinen dies an der gelungenen Verbindung von regionaler Tradition mit zeitgemäßer Vinifikation erschmecken kann, zeigt in der Küche der Weinstube die Auswahl hochwertiger Grundprodukte selbst für einfache ländliche Gerichte, dass man hier eine ganz andere Art von Qualitätsphilosophie verinnerlicht hat. Der Betrieb von Werner Jülg, dessen Bruder ein paar Kilometer entfernt auf der elsässischen Seite ebenfalls ein Weingut führt, ist ein Paradies für Kenner natürlicher Bodenständigkeit und eine Insel des Genusses – nur ein paar Meter vom durch Massentourismus überlaufenen deutschen Weintor entfernt.

MEIN TIPP

Nach der Weinprobe sollte man hier unbedingt den selbst gemachten, in Steintöpfen gereiften Handkäse probieren! Und keine Sorge: Dieser mit herzhaftem Landbrot servierte, feinwürzige Käse hat so gut wie nichts gemein mit den gefürchteten Stinkern, die man üblicherweise mit diesem Namen verbindet.

50 **WEINGUT JÜLG**
Hauptstraße 1
76889 Schweigen
Tel.: 0 63 42/91 90 90
Fax: 0 63 42/91 90 91
E-Mail: info@weingut-juelg.de
Internet: www.weingut-juelg.de

Preisniveau: bürgerlich bis gehoben
Anmeldung: empfehlenswert
Öffnungszeiten: Mo. bis Fr. nach Vereinbarung, Sa. und So. 11–18 Uhr

SCHWEIGEN-RECHTENBACH

WEINGUT FRIEDRICH BECKER

Obgleich Friedrich Becker auch hervorragende Weißweine im Keller hat, ist dieser Betrieb doch vor allem wegen seiner überragenden Spätburgunder zu einem Mekka für Rotweinfreunde geworden. Doch nicht nur die herausragenden Weine, sondern auch die überaus sympathische Art der ganzen Familie macht den Besuch hier so reizvoll. Wer von der gleichermaßen kompetenten wie charmanten Tochter Helena Becker im eleganten Probierraum (dem ehemaligen Ferkelstall!) durch das Weinsortiment geführt wird, der erlebt eine völlig natürliche und herzliche Verbindung von internationaler Weinqualität und Südpfälzer Ungezwungenheit.

MEIN TIPP

Die Darstellung des Fuchses unter dem Rebstock auf dem Etikett der Becker'schen Weine geht auf die Fabel des Äsop zurück, in der das schlaue Tier die unerreichbaren Früchte einfach für zu sauer und daher unattraktiv erklärt. Der Grund für diese Anspielung liegt in den frühen 70er-Jahren, als Friedrich Becker dem allgemeinen Trend zu süßen Massenweinen in der Südpfalz entgegentrat und konsequent auf hochwertige trockene Tropfen setzte. Nicht wenige Kollegen schüttelten damals den Kopf und prophezeiten, dass er seine „sauren" Weine wohl selbst trinken müsse.

51 **WEINGUT FRIEDRICH BECKER**
Hauptstraße 29
76889 Schweigen
Tel.: 0 63 42/2 90
Fax: 0 63 42/61 48
E-Mail: weinverkauf@weingut-friedrich-becker.de
Internet: www.weingut-friedrich-becker.de

Preisniveau: gehoben bis Luxus
Anmeldung: erforderlich
Öffnungszeiten: Mo. bis Fr. 10–12 und 13.30–17 Uhr, Sa. 10–17 Uhr

52 **WEINGUT BERNHART**
Hauptstraße 8
76889 Schweigen
Tel.: 0 63 42/72 02
Fax: 0 63 42/63 96
E-Mail: info@weingut-bernhart.de
Internet: www.weingut-bernhart.de

Preisniveau: bürgerlich bis gehoben
Anmeldung: empfehlenswert
Öffnungszeiten: Mo. bis Do. nach Vereinbarung, Fr. und Sa. 9–12 und 13–17 Uhr, So. 10–12 Uhr

SCHWEIGEN-RECHTENBACH

WEINGUT BERNHART

Bei einer Verkostung mit Gerd Bernhart spürt man schnell den großen Einfluss des nahen Frankreichs auf dieses Gut und seine Weine. Bereits in den frühen 80er-Jahren hat man hier, dem elsässischen Beispiel folgend, den Gewürztraminer trocken und mit aufrechtem Rückgrad ausgebaut und auch die Spätburgunder scheinen bei den Bernharts eher einem schon fast französischen Stil zu folgen. Bis 1971 bezeichnete man hier sogar den Grauburgunder wie im Elsass üblich als Tokay. Die bekannt guten Rot- und Weißweine der Bernharts verkosten die Gäste in einer schlichten, aber gemütlich eingerichteten Stube, die gut zum herzlichen und bodenständigen Wesen der Familie passt. Dabei sollte man neben den in der Region üblichen Burgundersorten keinesfalls den markanten Riesling vergessen.

MEIN TIPP

Es ist ein interessantes Kuriosum, dass zwei Drittel der Bernhart'schen Weinberge in Frankreich liegen – und dennoch hier deutscher Wein erzeugt wird. Diese Rebanlagen haben seit dem Zweiten Weltkrieg eine bewegte Geschichte hinter sich. Zunächst wurden sie unter französische Sequesterverwaltung gestellt und erst in den 80er-Jahren durch eine bilaterale Vereinbarung von Helmut Kohl und François Mitterrand wieder offizielles Eigentum der Schweigener Winzer.

WEINFEST-KALENDER

Einen vollständigen Weinfestkalender können Sie bei Pfalzwein e.V. telefonisch bestellen. (Tel.: 0 63 21/91 23 28) oder im Internet unter www.zum-wohl-die-pfalz.de einsehen.

➲ **Neustadt-Gimmeldingen: Mandelblütenfest**
Meist Mitte bis Ende März. Ein stimmungsvoller Frühlingsauftakt in der Pfalz.

➲ **Neustadt-Hambach: Andergasser Fest**
Wochenende um den 1. Mai. Familiäres Weinfest mit 15 Hofausschankstellen.

➲ **Neustadt-Haardt: Haardter Weinfest**
Wochenende vor Christi Himmelfahrt bis zum Feiertag.

➲ **Maikammer: Maifest**
Von Christi Himmelfahrt bis zum darauf folgenden Sonntag.

➲ **Neustadt-Gimmeldingen: Loblocher Weinzehnt**
Pfingsten. Mit Theater, Unterhaltung und Kunsthandwerk.

➲ **Rhodt unter Rietburg: Heimat- und Blütenfest**
Pfingsten.

➲ **Deidesheim: Historische Geißbockversteigerung**
Pfingstdienstag. Eines der bekanntesten Feste der Pfalz. Schon am Pfingstwochenende davor wird in den Weingutshöfen gefeiert.

➲ **Wachenheim: Burg- und Weinfest**
Zwei Wochenenden im Juni. Lebhaftes Weinfest rund um die Weinstraße, die an diesen Wochenenden autofrei bleibt.

➲ **Edenkoben: Owwergässer Winzerkerwe**
Fronleichnam bis zum darauf folgenden Wochenende. Stimmungsvolles Fest mit „mittelalterlichem Dorf" entlang der Klostermauer.

➲ **Schweigen-Rechtenbach: Rebenblütenfest im Sonnenberg**
Erstes Juliwochenende. Idyllisches Weinfest inmitten der Reben mit Blick ins Elsass und in die Rheinebene.

➲ **Neustadt-Mußbach: Eselshautfest**
Zwei Wochenenden im Juli. Zur Eröffnung trägt ein Esel ein 50-Liter-Weinfass durch den bekannten Weinort zum Herrenhof. Der Inhalt des Fasses wird an die Besucher gratis ausgeschenkt.

➲ **Freinsheim: Stadtmauerfest**
Drittes Juliwochenende. Gut besuchtes Fest entlang der Stadtmauer.

➲ **Maikammer: Weinkerwe**
Drittes Juliwochenende.

➲ **Birkweiler: Weinfest**
Viertes Juliwochenende.

➲ **Großkarlbach: Kändelgassenfest**
Letztes Juliwochenende. Tagsüber gediegene Fachwerk-Gemütlichkeit, abends Partyspaß in den Straßen.

➲ **Bad Dürkheim: Wurstmarkt**
Zweites und drittes Wochenende im September. Größtes Weinfest der Welt mit zahlreichen Fahrgeschäften (siehe Seite 39).

➲ **Neustadt: Deutsches Weinlesefest**
Elf Tage bis zum Montag nach dem zweiten Sonntag im Oktober. Mit Deutschlands größtem Winzerfestumzug.

➲ **Neustadt-Gimmeldingen: Gimmeldinger Herbst**
Drittes Wochenende im Oktober. Höhepunkt ist die Krönung des Gimmeldinger Bacchus.

➲ **Schweigen-Rechtenbach: Herbstabschlussfest am Sonnenberg**
Letztes Oktoberwochenende. Romantischer Herbstabschluss bei Flammkuchen und gerösteten Esskastanien.

WEINGÜTER VON A–Z